Guillermo Lousteau
José Benegas
Pablo da Silveira
Fernando A. Iglesias
Alejandra M. Salinas

Sociedades mayoritarias o sociedades por consenso. ¿Hacia un nuevo contrato social?

THE DEMOCRACY PAPER
No. 10

Design: Kiko Arocha
www.alexlib.com

Editorial Fund
InterAmerican Institute for Democracy
2600 Douglas Rd, Suite 906,
Miami, FL 33134, U.S.A.
www.intdemocratic.org
iid@intdemocratic.org

Contents

INTRODUCCIÓN

El InterAmerican Institute for Democracy ha ofrecido en el Congreso de LASA mencionado, con un tema genérico bajo el título de "Sociedades de consenso y sociedades de mayorías", encuadrado dentro del temario general del Congreso, "Hacia un nuevo contrato social?" El panel estuvo presidido por Guillermo Lousteau e integrado por José Benegas, Pablo da Silveira, Fernando Iglesias y Alejandra Salinas, reconocidos intelectuales de América Latina.

GUILLERMO LOUSTEAU (*SOCIEDADES MAYORITARIAS Y SOCIEDADES POR CONSENSO*) afirma que la democracia, no enfrenta rivales externos que la pongan en peligro, pero que las dificultades y las contradicciones son ahora internas, expresadas por el conflicto entre sociedades que privilegian a la mayoría y aquellas que recurren al consenso, como factores en la toma de decisiones.

JOSE BENEGAS, en su trabajo "*LEGITIMIDAD, DEMOCRACIA Y AUTOGOBIERNO EN EL CONTEXTO DE U CONTRATO SOCIAL*" se pregunta sobre la lógica inherente de la legitimidad democrática y la insuficiencia de los comicios como único elemento determinante. La vincula al objetivo de la paz como justificación del contrato social y la obligación del gobernante de mantenerla durante su mandato, afirmación que trae reminiscencias de la escolástica española y de Francisco Suárez, específicamente.

"PARTICIPACION Y REPRESENTACION: COMPLE-JIDADES TEORICAS, RIESGOS INSTITUCIONALES", presentado por PABLO DA SILVEIRA, trae a luz los problemas que los nuevos enfoques sobre la participación –invocada como contrapuesta al sistema representativo– origina desde el punto de vista de la filosofía política y especialmente los argumentos utilizados en su favor: vidas humanas más completas, un funcionamiento más sano de las instituciones democráticas y un ejercicio más efectivo de la libertad.

FERNANDO IGLESIAS (*"QUE SIGNIFICA SER DE IZQUIERDA EN LA SOCIEDAD GLOBAL DEL CONOCIMIENTO"*) reivindica el significado de "izquierda" frente a una sociedad diferente a aquella con la que se enfrentó en su origen y a los valores que fueron propios y que hoy son violados por organizaciones que se definían como tal.

Un nuevo contrato social, afirma Iglesias, debe inscribirse en un contexto actualizado que deje atrás, entre otras cosas, la centralidad de los estados nacionales y la clase obrera.

Finalmente, ALEJANDRA SALINAS en su trabajo *"EMANCIPACIÓN Y HEGEMONÍA POPULISTA EN LACLAU: TENSIONES Y CRÍTICAS DESDE EL LIBERALISMO* nos presenta con rigor académico un análisis de algunas contradicciones de Ernesto Laclau. Adentrándose en la lógica populista de Laclau, encuentra tensiones latentes en el modelo que propone, que significarían una imposibilidad de lograr un resultado propuesto, habiéndose basado en demandas insatisfechas.

A todos ellos, cuyos trabajos se reúnen en este ejemplar de la serie de *Democracy Papers* del Instituto, nuestro agradecimiento, al igual que a Atlas Economic Research Foundation, por su apoyo al proyecto.

Miami, febrero 2014

GUILLERMO LOUSTEAU HEGUY. Doctor en Ciencias Juridicas, Abogado y Licenciado en Filosofía (UBA). Ha cursado estudios de posgrado en Universidad de Chile, Universidad Católica de Chile, Universidad Católica Argentina, Universidad Complutense de Madrid y Southern Methodist University (Dallas, Texas). Ha sido profesor titular en la Universidad de Buenos Aires,y en las universidades Católica y del Salvador. Dictó cursos en George Washington University, en la Universidad Complutense de Madrid y en la Universidad Católica de Chile. Ha sido profesor en la Florida International University, donde dirigió la Maestría en Ciencias Políticas del programa FLACSO-FIU. Ha sido conferencista en universidades e instituciones de _América Latina, Europa y Estados Unidos.

Ha publicado *El pensamiento político hispanoamericano* , en varios tomos, *Democracia y control de constitucionalidad*, *The Philosophical Foundations of American Constitutionalism*, *La democracia en América Latina y El Nuevo Constitucionalismo Latinoamericano*, ambas en colaboración.

Actualmente, es presidente del Interamerican Institute for Democracy (Miami).

¿HACIA UN NUEVO CONTRATO SOCIAL? SOCIEDADES MAYORITARIAS O SOCIEDADES POR CONSENSO

Guillermo Lousteau

Sobre el contractualismo

Es posible que toda la ciencia política pueda ser reducida a una sola pregunta: porqué alguien manda y los otros obedecen?

En el fondo, una pregunta como ésta plantea el tema de la legitimidad del gobierno y cuestiones de cómo se elige y cómo se ejerce un gobierno.

Mientras la doctrina del origen divino de los reyes era ampliamente aceptada (ya sea directa, o indirectamente como lo propuso la escolástica).

La idea de la democracia como forma de gobierno reapareció en los siglos XVIII y XIX, casi dos mil años después de haber sido formulada y haber permanecido dormida. Se transformó en la idea política más exitosa del siglo XX. Impulsada por el Iluminismo y superada la doctrina del rey como imposición divina, la democracia como soberanía popular se abrió paso.

La búsqueda de la legitimidad se orientó a las teorías *contractualistas* que daban, teóricamente, una visión sobre el origen de la sociedad y la razón de ser del gobierno. Se intentaba la respuesta a la pregunta sobre cuál es el principio que rige para que sea aceptable el poder ejercido por terceros y bajo qué formas o normas.

Así, a partir del siglo XVII, los pensadores se dieron a imaginar las condiciones de nacimiento de la sociedad que justifiquen el poder. Principalmente Hobbes, Locke y Rousseau intentaron esa respuesta con diferentes argumentos y principios que deberían servir para encuadrar el ejercicio de ese poder. Esa discusión básica se extendió y se sigue extendiendo, con nuevas propuestas, como por ejemplo la de John Rawls, quien intentó, en su "Teoría de la Justicia", sentar las bases de una sociedad "bien ordenada".

Las teorías contractualistas coinciden en que la base misma de legitimidad democrática es la soberanía popular, afirmación que no tiene casi contradictor alguno.

Pero, a, partir de ese elemento esencial, las diferentes teorías proponen sociedades distintas. Por ejemplo, Locke, por un lado y Hobbes y Rousseau, por el otro, difieren respecto a los roles y las relaciones entre el poder político y lo que hoy llamamos la sociedad civil. Esta disyuntiva se ha reflejado y se refleja todavía bajo diversas manifestaciones: aquella que privilegia a la libertad frente a la igualdad; o lo individual contra lo colectivo, y, bajo formas más actuales, el universalismo contra el comunitarismo. Esas formas diferentes de contractualismo —siendo todas explicaciones que intentan legitimar a la democracia— ponen sobre la mesa una disyuntiva respecto a las interpretaciones de la democracia misma, que pueden reducirse a dos modelos que parecen enfrentarse hoy.

Ese enfrentamiento de dos modelos se materializa hoy singularmente en América Latina. Con toda seguridad, esa inquietud estuvo presente en la decisión de LASA para proponer como tema central de su congreso anual, la posibilidad de un nuevo contrato social.

Si es cierto que todas las teorías contractualistas consagran la soberanía popular como legitimad de la democracia, la discusión que ofrece el tema de LASA es interna al sistema democrático y podría entenderse como la necesidad de encontrar o proponer una interpretación nueva.

El devenir de la democracia

Hacia fines del siglo XVIII, las trece colonias inglesas en América produjeron una democracia sustentable. Con diferentes vicisitudes, ese modelo se fue extendiendo y desarrollando en el resto del mundo. En el siglo XIX fue adoptado por el resto del continente, el primero en aceptar el principio de la soberanía popular como la base de la legitimidad política.

Ya en el siglo XX, especialmente después de la 2ª Guerra mundial, el sistema democrático recibe un impulso enorme, descripto por Samuel Huntington en su "La tercera ola: democratización a fines del siglo XX", y por muchos otros académicos. Hacia el año 2000, *Freedom House* clasificaba como democracias a 120 países, más del 63% del total. También el Foro Mundial sobre la Democracia, que reunió en Varsovia a representantes de más de 100 países proclamó que la voluntad del pueblo era la base de la autoridad del gobierno, como una verdad irrefutable.

Durante el proceso de expansión del sistema, la percepción de los EEUU como hegemónico, tuvo un rol decisivo en el éxito de la democracia en ese siglo: era el país a emular.

Sin embargo, el progreso observado en el siglo XX parece disminuir en el siglo XXI. Si bien el porcentaje de países en el mundo que se mantienen libres y realizan elecciones sigue siendo alto, varias democracias nominales se han convertido en autocracias, especialmente en América latina. Los gobiernos son electos, pero las instituciones y los derechos de los ciudadanos no están garantizados.

Las debilidades del sistema se han vuelto más visibles, aún en democracias establecidas, provocando una especie de desilusión con la política, reflejada en el desinterés general que se transmite en formas distintas.

Las alternativas a la democracia

Como sostiene Przeworski "lo que importa desde el punto de vista de cualquier régimen no es su legitimidad... sino la existencia de alternativas mejores". Un régimen alcanza la plenitud cuando no hay alternativa posible ni en el ánimo de los gobernados ni en el de quienes aspiran a gobernar. Y ese parece ser el caso donde la democracia se ajusta a todas las definiciones plausibles de legitimidad, al menos en el caso de Occidente. En forma concordante, David Apter[1] sostiene que las nuevas aperturas hacia la democracia contribuyen a fortalecer la concepción de que todas las otras posibilidades son peores y, tarde o temprano, destinadas a desaparecer.

Un crítico de la democracia liberal como Antonio Gramsci también reclamaba la formulación de una alternativa, poniendo el acento en el papel de la hegemonía cultural en la construcción de esa alternativa.

---

1. David Apter: "Reconsideración del institucionalismo", *Revista Internacional de Ciencias Sociales*, 129

Durante la primera mitad del siglo XX, esas alternativas se dieron en las propuestas del nacional-socialismo, el fascismo y el comunismo, éste último basada en el pensamiento y la doctrina de Carlos Marx. En 1945, finalizada la guerra, solo el comunismo corporizado en la URSS quedaba como alternativa a la democracia en Occidente. Con la caída del muro de Berlín, también desaparecía esta opción y ante la falta de opciones, la democracia se presentaba como excluyente, al extremo de provocar casos de extremo optimismo, como el de Francis Fukuyama. El comunismo como proyecto ideológico ha fracasado y donde hubo marxismo ya nadie cree en él, porque no se trata de que la Unión Soviética cometiera errores en la construcción de un estado marxista. Es que la idea misma parece haber mostrado su inviabilidad[2].

Nadie intentaría a partir de ese momento reivindicar alternativas con alguna probabilidad de éxito. Hacia fines del siglo, la democracia se encuentra sin opositores a la vista, como dice Sartori, ya que aun gobiernos autoritarios se cobijan bajo el manto de alguna forma elemental de democracia. Al menos, esa es la situación en Occidente.

Si bien todavía en estudio, el modelo chino —que está lejos de ser una democracia— ofrece la posibilidad de un desarrollo económico y social bajo un sistema diferente. De acuerdo con sus dirigentes, ese modelo es más eficiente que la democracia y está estructurado por un control absoluto por parte del partido. Este control incluye el control de la opinión pública, la censura interna y la prisión de los disidentes. Pero, visto desde el punto de vista

---

2. Ni siquiera la Rusia actual ni su presidente basan su sistema en el comunismo.

de sus logros, el sistema chino ha conseguido logros en tiempos más cortos de lo que hubiera logrado un sistema democrático.

A pesar de la falta de instituciones democráticas, una encuesta del año 2013 muestra que más del 80% de la población china se encuentra "muy satisfecha" con la conducción de su país.[3] En concordancia con este resultado, Zhang Weiwei, de la Universidad de Fudan, sostiene que la democracia está destruyendo a Occidente —en especial a los EEUU— porque trivializa los problemas y la toma de decisiones, transforma a cosas simples en cosas complicadas, produce dirigentes de poca calidad, con discursos que engañan a la gente.

La aparición de China conlleva hoy una influencia más peligrosa y creíble que el comunismo soviético para la idea que la democracia es intrínsecamente superior. El avance del modelo chino se potencia en el marco de los conflictos y desafíos que la democracia muestra en el siglo XXI.

El otro gran desafío a la democracia occidental estaría dado por el islamismo, sospechado por intelectuales como Samuel Huntington, de estar en el horizonte de un conflicto de civilizaciones.

Fuera de estas dos posibilidades, la democracia occidental ya no tiene enemigos externos. Pero el concepto tradicional de democracia enfrenta problemas desde dentro.

La democracia en disputa

Efectivamente, no hay un debate externo a la democracia sobre su legitimidad. Sin embargo, está claro —y la rea-

---

3. PEW Survey, Global Attitudes. Por su parte, los americanos satisfechas superan levemente el 30%.

lidad latinoamericana es un gran ejemplo— de que se ha abierto una enorme brecha entre dos conceptos contrapuestos sobre en qué consiste la democracia. Un grupo de democracias nominales se han deslizado hacia regímenes autoritarios, pero sin los derechos y las instituciones que son un elemento fundamental para el funcionamiento de un sistema democrático. Una de las razones por las cuales los experimentos fracasan es que se basan solo en las elecciones y no valoran los otros elementos de la democracia.

Estas dos formas de comprender la democracia se presentan bajo diferentes figuras. A veces se contraponen como democracias representativas y democracias participativas; otras como democracias liberales contra democracias populistas. Como una diferenciación más genéricas, podríamos considerarlas como sociedades mayoritarias contra sociedades por consenso.

Sociedades mayoritarias y sociedades por consenso
Si los hombres son iguales y cada uno vale un voto, no hay dudas de que las decisiones deben ser adoptada por la mayoría. Esta es la base del pensamiento de John Locke. Pero Locke ponía en el mismo nivel de importancia a la libertad individual, lo que puede parecer un conflicto si es que la voluntad mayoritaria pone en peligro la libertad individual. Ese potencial conflicto no se resuelve en su obra, pese a los intentos de uno y otro lado, para probar lo contrario.

Esa dualidad refleja el dilema actual: ¿cómo conciliar la voluntad mayoritaria cuando pone en peligro la libertad individual?

Las sociedades mayoritarias consideran válidas a las decisiones adoptadas por la mayoría, y no admiten limitación a esta potestad; la única consideración a tener en cuenta es la que resulta del acto eleccionario, que consagra a sus gobernantes.

Arend Liphart ha analizado el funcionamiento de los gobiernos de la mayoría, contraponiendo la teoría y la práctica[4]. Sin embargo, cree que es más importante contraponer los gobiernos de "democracia de mayoría" a los de "democracia de consenso", siguiendo la distinción formulada por Robert Dixon[5]. Esa distinción ha sido mantenida por Dahl, que llamó democracia populista, a la democracia de mayoría, y por Riker, que llamó democracia liberal, a la democracia de consenso.

Una tipología similar fue propuesta por la antropóloga Mary Douglas desde una visión cultural, complementada por Michael Thompson y Steve Reiner[6]. Posteriormente fue utilizada por Aaron Wildavsky y Richard Ellis para aplicarla y analizar el fenómeno político[7]. Originalmente destinada a analizar conductas sociales frente a situaciones de riesgo y competir con la *rational choice,* su formulación a partir de entonces permite presentarla hoy como un aporte a una teoría general de la política.

---

4. Liphart, "El gobierno de la mayoría en la teoría y en la práctica: persistencia de un paradigma viciado"

5. Robert Dixon: *"Democratic Representation: Reapportionament in Law and Politics",* Oxford University Press, 1968

6. Mary Douglas: *"Four Cultures: the Evolution of a Parsimonious Model",* 1999; Steve Reiner: *"Cultural Theory and Risk Analisys,* 1992; Michael Thompson: *"Cultural Theory",* 1990

7. Richard Ellis and Aaron Wildavsky: *"Cultural Theory",* 1990

Conocida como *Cultural Theory*, (en mayúscula, para diferenciarla de una *cultural theory*) la CT considera que la cultura y las instituciones no son conceptos excluyentes o competitivos. Por el contrario, las instituciones son percibidas como manifestaciones de las relaciones sociales y políticas, las cuales son un aspecto de la cultura política. Precisamente, fue el populismo una de las áreas a la cual se aplicó la CT, para estudiar sus bases culturales.

Desde cualquiera de los dos ángulos, el político o el cultural, la dualidad entre sociedades (o democracias) mayoritarias y sociedades (o democracias) de consenso refleja muy claramente el conflicto interno que se da sobre el concepto de democracia.

Robert Dahl no tiene dudas:

...nadie ha sostenido nunca que la democracia consiste en que la mayoría pueda o deba hacer lo que quiera, y nadie, excepto sus enemigos, la ha definido así. Todos los partidarios de la democracia... y las definiciones favorables de la misma conllevan la idea de que las mayorías deben ser sujetas a limitaciones"[8].

Para quienes comparten esta posición, el poder del Estado necesita ser controlado para, entre otras cosas, garantizar los derechos individuales ya que los controles fueron motivados por el temor a la tiranía.

Por eso, las constituciones sólidas condicionan el ejercicio del poder y funcionan bien porque han rechazado la idea de que ganar una elección le permite a la mayoría

---

8. Robert Dahl: "*A preface to Democratic Theory*", Chicago University Press, 1956

hacer lo quiera sin limitaciones, limitaciones entendidas como restricciones jurídicas que no pueden ser modificadas por mayoría.

El concepto de gobierno de la mayoría era la forma común de referirse al gobierno *limitado* de la mayoría. Solo en épocas recientes, se abrió paso otra interpretación, según la cual las limitaciones no pueden aplicarse a las mayorías, posición sostenida por ejemplo, por el Nuevo Constitucionalismo Latinoamericano[9]

Desde el punto de vista teórico, es posible proponer un sistema de gobierno, donde la mayoría no tenga limitaciones. Lo que es imposible de sostener es que un gobierno de ese tipo responda a una forma democrática.

Un análisis de esta dicotomía debería resolver en qué medida se tiende a concebir la democracia en términos puramente mayoritarios y cual sería la fisonomía de una democracia puramente mayoritaria.

La realidad de América Latina, escenario de esta disputa, responde a esa pregunta. En el grupo de países donde el régimen en que se impone la voluntad de la mayoría, que se autodenomina "socialismo del siglo XXI", las instituciones fundamentales de la democracia —tal como las enumera la Carta InterAmericana Democrática, de la Organización de Estados Americanos— ya no tienen vigencia.

Mientras que las sociedades mayoritarias concentran el poder en instituciones centralizadas basadas en mayorías electorales, las sociedades por consenso dispersan el poder entre diferentes grupos.

---

9. Ver Democracy Paper # 5: "El Nuevo Constitucionalismo Latino-americano"

Como base de conducta social, el consenso ha sido casi excluyente hasta el siglo XVIII, en que aparece una cultura revolucionaria, que parte de la existencia de un estado de conflicto.

Ernesto Laclau basa su populismo, figura típica de las democracias mayoritarias, en esta hipótesis de conflicto[10]. Mayorías, sostiene, que se forman agrupando a diferentes minorías insatisfechas para enfrentar a un enemigo, existente o creado artificialmente. Una sociedad de mayorías equivale, por esta vía, a una sociedad basada en la teoría del conflicto.

Tal como dice Manin, el principio de la voluntad mayoritaria como expresión activa del concepto de soberanía popular no es legítimo por sí mismo, pero el concepto de mayoría está tan arraigado que es un impedimento para el consenso.

La cultura, considerada como un conjunto de valores y creencias que la sociedad acepta como elementos compartidos, es esencial en el análisis del consenso. Paradójicamente, un gobierno de mayoría sería más razonable en sociedades homogéneas en ideales y conceptos, pero en países con hondas divisiones un gobierno de ese tipo "es totalmente inmoral, inconsecuente con el significado primordial de la democracia y destructor de toda perspectiva de edificar una nación"[11]

El malestar de la democracia

La democracia enfrenta dificultades crecientes. Aunque siempre ha tenido sus críticos, sus problemas son encara-

---

10. Ernesto Laclau: "La razón populista" FCE
11. Liphart, op. citada

dos ahora de forma que difieren de las ya conocidas hasta el siglo XX.

La falta de alternativas no ha hecho desaparecer los problemas ni las debilidades de los regímenes democráticos, sino sólo demostrar que los otros no son mejores. La democracia es un mecanismo poderoso pero imperfecto. En este sentido, se parece a la ciencia, que también es un instrumento imprescindible y lo más sólido que tiene la sociedad y que sin embargo, es falible y que requiere una construcción permanente.

Las instituciones necesarias para sustentar la democracia es siempre trabajosa y con enormes dificultades. El concepto de que florece rápida y espontáneamente una vez sembrada la semilla ha demostrado ser una falacia y que requiere esfuerzos grandes y continuados.

Valdría la pena preguntarse si la fuerte legitimación que la desaparición de alternativas no ha producido una falta de renovación y la hecho parecer innecesario un debate interno, contradictorio sobre las falencias de la democracia.

Toni Judt proponía a los defensores de la democracia poner más el acento en adelantarse a sus enemigos en señalar y enfrentar sus problemas propios, que en insistir en su adopción para las sociedades que no creen en ella.

Las democracias no se suicidan, pero deben ser cultivadas. Y de todas maneras, como sostenía Tocqueville, siempre parecen más débiles de lo que son realmente.

Un nuevo contrato social, afirma Iglesias, debe inscribirse en un contexto actualizado que deje atrás, entre otras cosas, la centralidad de los estados nacionales y la clase obrera.

Finalmente, Alejandra Salinas en su trabajo "Emancipación y hegemonía populista en laclau: tensiones y críticas desde el liberalismo nos presenta con rigor académico un análisis de algunas contradicciones de Ernesto Laclau. Adentrándose en la lógica populista de Laclau, encuentra tensiones latentes en el modelo que propone, que significarían una imposibilidad de lograr un resultado propuesto, habiéndose basado en demandas insatisfechas.

A todos ellos, cuyos trabajos se reúnen en este ejemplar de la serie de *Democracy Papers* del Instituto, nuestro agradecimiento, al igual que a Atlas Economic Research Foundation, por su apoyo al proyecto.

Miami, febrero 2014

JOSÉ BENEGAS. Abogado, master en economía y ciencias políticas, escritor, periodista y analista político. Corresponsal extranjero en los Estados Unidos, conduce el programa *Esta Lengua es mía*, FM Identidad 92.1 mhz. Ha colaborado con los diarios La Prensa, Infobae, Perfil de Buenos Aires, La Prensa de Panamá. Columnista de Infobae y de la revista cultural Sub-Urbano de Miami. Ha sido galardonado con el premio "Valiente defensa de la libertad" de la Fundación Atlas, el segundo premio del concurso internacional de ensayos "Caminos de la Libertad" de TV Azteca en Mexico y diversas menciones honoríficas. Fue asesor de la Convención Nacional Constituyente de Santa Fe, Argentina, en 1994.

Legitimidad, democracia y autogobierno en el contexto de un contrato social

José Benegas

Abstract: En tanto los principios de legitimidad son intentos de justificar al gobierno, este trabajo indaga en la lógica inherente a la legitimidad democrática como una realidad que va mucho más allá de los comicios. Requiere el cumplimiento de paz del contrato social y el mantenimiento de tales condiciones a lo largo de todo el mandato del gobernante, extendiéndose por lo tanto al modo de ejercicio del poder. Es decir, la democracia para tener fuerza para justificar al gobierno lleva implícitas suposiciones y a su vez genera efectos naturales que deben mantenerse más allá del voto. La república es el desarrollo natural y lógico de la forma de legitimidad basada en la voluntad de los ciudadanos. Otras posibles formas de reforzar el contrato social.

No se gobierna a una Nación que tiene que ser castigada a perpetuidad.

Edmund Burke

El diccionario de Norberto Bobbio, Nicola Matteucci y Gianfranco Pasquino define la legitimidad como:

29

...atributo del estado que consiste en la existencia en una parte relevante de la población de un grado de consenso tal que asegure la obediencia sin que sea necesario, salvo en casos marginales, recurrir a la fuerza" y agrega "Los principios monárquico, democrático, socialista, fascista, etc., definen algunos tipos de instituciones y de valores correspondientes, en los que se basa la legitimidad del régimen... la fe en la legalidad, consiste en el hecho de que los gobernantes y su política son aceptados en cuanto están legitimados los aspectos fundamentales del régimen, prescindiendo de las distintas personas y de las distintas decisiones políticas"[12]

La idea de legitimidad en el poder supone que el ejercicio del mando requiere justificación.

Si nos quedamos con la mera observación de las condiciones bajo las cuales se generaliza la obediencia y se acepta al gobierno, cualquier sistema triunfante y establecido podría ser considerado también legítimo. El poder político siempre tiene más que simple imposición. Todo el que ha conseguido ser llamado gobierno es porque ha sido obedecido en gran medida.

En un marco de legitimidad el poder no se sostiene ni justifica por si mismo, no es un mero hecho que a su vez tenga como contrapartida el hecho de la obediencia. Salvo que pensemos como un mero encantamiento con el cual el político consigue ser obedecido en la medida en que descubra cuales son los elementos que lo producen, la legitimidad debe responder a un principio de justicia,

---

12. Norberto Bobbio, Nicola Matteucci y Gianfranco Pasquino, Diccionario de Política, Siglo XXI Editores, vocablo Legitimidad

del que se siguen unas consecuencias lógicas. La palabra legitimidad proviene del término legítimo y legítimo es lo que es "conforme a las leyes", "justo", "cierto, genuino y verdadero en cualquier línea", según el diccionario de la Real Academia Española.

Lo que se ha considerado justo en cuanto a quién es justo que gobierne ha cambiado a lo largo de la historia desde la tradición, la herencia, la bendición divina, hasta la voluntad popular en el sistema democrático.

Como aclara Guglielmo Ferrero:

"los principios de legitimidad son justificaciones del Poder, es decir del derecho a mandar, ninguna tiene tanta necesidad de justificarse ante la razón como una desigualdad establecida por el Poder"[13]. Opina luego que "una decisión tomada por mayoría tendrá más chances de ser justa que la adoptada por una sola persona, salvo que se trate de un ser excepcional. El principio de la mayoría resulta, por consiguiente, en cierta medida razonable, siempre que se aplique acompañado de las cautelas necesarias. La democracia puede justificarse ante la razón bajo tales condiciones"[14].

Aunque no coincido con la idea de una mayoría más cercana a la justicia en razón del número, tal cosa está implícita en el hecho de votar. Todos los principios de legitimidad son "al manos en parte, instrumentos de la

---

13. Guglielmo Ferrero, *Poder, los genios invisibles de la Ciudad*, Tecnos 1998, pág 81

14. Ibid, pag 82

razón"[15]. Sin embargo, "si todos los principios de legitimidad son de origen parcialmente racionales, todos pueden devenir absurdos, en su concreta aplicación. En la democracia la mayoría termina teniendo la razón aunque se equivoque, porque en ella reside oficialmente la verdad, la justicia y la sabiduría, incluso cuando los errores e iniquidades que haya cometido estén a los ojos de todos. En los regímenes aristomonárquicos que presuponían la infalibilidad del poder y negaban el derecho de oposición, cuando el heredero o el noble electo no estaba a la altura de su misión la razón debía inclinarse: la incapacidad pasaba por genialidad, la ignorancia por sabiduría, el capricho por inspiración divina... por todo, salvo por lo que en realidad era. En suma, en los principios de legitimidad el elemento racional es accidental, introducido desde afuera y no sustancial y no sustancial. Puede estar presente en el momento de su aplicación, pero puede faltar totalmente o tal vez... puede resultar insuficiente"[16].

Nótese que esta casi impostura del elemento racional que se pierde en la realidad política, que transforma a la legitimidad en una excusa, tanto vale para el modo aristomonárquico de justificar al poder como al democrático. La legitimidad que se explica se puede perder en el ejercicio real del poder.

El gobierno que no se ajusta a sus reglas vivirá atemorizado y aumentará su violencia por ese temor, cuando los duendes lo abandonan o el mismo se ha apartado de ellos. El ejercicio de la violencia física o verbal, de la persecución, el temor a las opiniones diferentes,

---

15. Ibid, pag 83
16. Ibid pág 84

nos informan sobre pérdida de legitimidad. No solo de pérdida de legitimidad democrática, sino de cualquier tipo de legitimidad concebible.

Para Ferraro:

...el espíritu revolucionario acierta cuando afirma que los principios de la legitimidad son limitados, convencionales, fluctuantes y fácilmente rebatibles por un examen racional. No se equivoca tampoco cuando afirma que son justos y ciertos solo porque los hombres al discutirlos no sobrepasan un cierto punto: el punto más allá del cual se evidencia su debilidad"[17].

Después advertirá sin embargo que:

...por frágiles que sean, en el momento en que los hombres se dejen persuadir por el Maligno para revolverse contra ellos, esos mismos hombres automáticamente, resultarán presas del miedo, el miedo sagrado a la regla violada[18]

Habla de la estabilidad de la regla como un reaseguro contra el caos aún sabiendo que es limitada. Pero postula que hay un punto más allá del cual la razón debe detenerse para no encontrarse bajo las fauces del Maligno.

La cuestión es si los nuevos duendes (aquellos que habilitan a la voluntad popular como fundamento del poder) están tan calmos y si los gobiernos están tan tranquilos y los pueblos convencidos de que deben obedecer.

17. Ibid pág 85
18. Ibid pág 85

Pero además qué tan frágiles son sus presupuestos si nos animamos a no dejarnos asustar por los fuegos del infierno. Porque en esa fragilidad se encuentra el motivo para el límite al poder, con mucha más razón si quién se supone que ejerce la soberanía es el ciudadano, es decir el destinatario del poder.

Podemos decir entonces siguiendo a Ferraro que todo principio de legitimid es sólo parcialmente racional, que siempre implica imponer una desigualdad entre los que gobiernan y los que son gobernados, y que llegado el caso la racionalidad puede quedar reducida a la categoría de excusa. Para Ferrero la legitimidad en cualquier sistema llevada al absurdo despierta el espíritu revolucionario que en su visión es la peor opción.

Con esas aclaraciones, lo que me interesa es la racionalidad, lo justificable y sus consecuencias, que como dice Ferrero es sólo una parte de esta realidad. Sin que eso implique que la racionalidad democrática por si misma logre, en mi opinión, el imposible de convertir en justo que unos hombres gobiernen sobre otros. Me voy a circunscribir a continuación a las condiciones que están implícitas en esa forma de justificación y cómo deben mantenerse.

Legitimidad y contrato social

La característica propia de la democracia es la expresión de la voluntad popular en la selección del gobierno. Esa voluntad se expresa en el marco de lo que para Locke es el pacto por el que el hombre abandona el estado de naturaleza para *establecer el acuerdo mutuo de entrar en una comunidad y formar un cuerpo político*[19].

---

19. John Locke, *Segundo tratado del gobierno civil*, Alianza Editorial,

Antes de que la voluntad de formar un gobierno específico para un período determinado, hay una previa voluntad que la explicación contractualista ubicará en ese pacto social. Si antes de votar se ha entrado en una comunidad para formar un cuerpo político, entre los participantes hay un estado de paz, no existen hostilidades y por lo tanto se vota para elegir gobierno en ese contexto.

Por lo menos ese pacto en Locke, ha superado el estado de guerra, que define como *"un estado de enemistad y destrucción"*, pero va más allá hasta la formación de la comunidad y su cuerpo político.

La racionalidad democrática incluye al pacto de convivencia, lo supone. La sociedad civil podría delegar en aquel único acto el poder a un príncipe, pero en la democracia mientras el pacto original subsiste, los gobiernos se suceden por elecciones específicas de cada gobernante. La legitimidad de origen que se obtiene en el voto se da en el contexto jurídico de una constitución.

La voluntad de los ciudadanos como elemento de legitimidad

La voluntad que forma al gobierno es la característica del sistema. Esa voluntad se consulta y de ella resultan las decisiones, en el caso de la democracia representativa, la decisión es la designación del gobierno o los miembros de otros poderes del Estado.

Democrático no es el gobierno que sencillamente diga actuar en función del bienestar de los gobernados, lo que permitiría interpretaciones diferentes o actitudes paternalistas en las que se le niega personalidad al beneficiario en función de la óptica del benefactor. No se puede hablar en ese sentido de políticas "populares" o "impopulares" sino en el marco de lo que obtenga el apoyo de las urnas.

La lógica interna del principio nos muestra a la voluntad del gobernado como determinante real o ficticia de la voluntad del gobernante. Como si la democracia se justificara por acercase a la idea de autogobierno donde se pretende que los que gobiernan son a su vez los que son gobernados. En palabras de Abraham Lincoln, el gobierno *del pueblo, por el pueblo, para el pueblo*. En esa definición se juega la legitimidad no solo del gobierno específico de la persona o grupo que son electos, sino del sistema como tal. En esas condiciones se logra, parcialmente diría Ferrero, establecer como justa la existencia del gobierno en términos racionales para esta forma de explicarlo.

Si podemos separar al pacto, contrato social (o constitución) del poder político que resulta su consecuencia, la legitimidad no puede ser solo la adecuación en el origen del gobierno a las leyes positivas (reglas electorales por ejemplo), sino a la ley fundamental. De otro caeríamos en un razonamiento circular en el que las leyes establecidas por el poder son las que justifican al poder.

En resumen, la legitimidad que debe sustentarse en una idea de justicia en el caso de la democracia —al menos en su parte racional— descansa en un pacto establecido sobre la base de la paz para formar un cuerpo político como una primera instancia de la voluntad de los gobernados y, como segunda, en la voluntad específica de seleccionar al gobernante.

La pretensión de una popularidad sustancial, en cuanto a representar programas de felicidad popular con independencia de la voluntad de los ciudadanos no tiene ningún valor como forma de justificación democrática. Esa pretensión de popularidad apenas quedaría reducida a lo que Rothbard llama una "ideología" bajo la cual los gobernados son engañados y se someten al gobierno. La "ideología" de la que habla Rothbard permite abaratar la dominación, porque permite minar la voluntad de resistencia de los gobernados, reduciendo el costo que implicaría ejercer todo el tiempo la violencia que sería enorme[20].

A la pregunta de si debemos obedecer al gobierno, el principio democrático diría que sí basado en que es "nuestro" gobierno. Lo cual, si lo pensamos un poco podría llevarnos también a la conclusión de que en tanto es "nuestro" gobierno, deberíamos más pensar en gobernar que en ser gobernados. Por extrañas razones gobernar y ser gobernado en el caso de la democracia pretende confundirse y ser lo mismo. Este es el límite que no quiero pasar, el de ese defecto de toda forma de legitimidad que señalaba Ferrero.

Voluntad popular, mayorías y minorías

El origen democrático del gobierno produce un cambio radical en materia de legitimidad. Ya no se trata de invocar una razón superior y ajena por la cual el pueblo deba aceptar al gobierno ungido, sino que debe encontrarse en los propios ciudadanos la voluntad de dejarse mandar. El problema deja de ser solo qué cosa justifica al gobierno, para avanzar a la cuestión de qué gobierno se justifica para aquellos que son gobernados.

---

20. http://www.lewrockwell.com/rothbard/rothbard62.html

La democracia no es diferente a otros sistemas de legitimación en cuanto a que dependen de la mera aceptación por parte de un gran número. No está ahí el cambio. La democracia requiere la intervención de una voluntad activa de los ciudadanos, comprobable y medible.

Sería una tautología hablar de voluntad libre y también lo sería hablar de ciudadano libre. Ambas cosas suponen una individualidad desarrollada sin interferencias, sin molestias del poder, que vendría a ser su mera consecuencia.

En la democracia se miden las manifestaciones de voluntad y se muestran los resultados con alguna posibilidad de auditarlos. Esto tiene el único sentido de mostrar que el gobierno es la consecuencia de lo que los ciudadanos han dicho que querían.

Las concentraciones masivas actúan como una forma de falsificación de esa voluntad. Se exhibe una marea humana, una masa para dar fuerza política a determinadas decisiones o para fortalecer directamente a un líder. Sin embargo estas acciones pertenecen más al campo del encantamiento que al de la legitimidad racional democrática.

El mecanismo de consulta es limitado. En primer lugar porque la voluntad popular, esa que hace a la definición de Lincoln es una ficción que en gran medida se infiere de una mayoría circunstancial frente a ofertas limitadas.

Se vota un día esa oferta restringida de muchos modos, con planes poco precisos o que no están del todo al alcance del público general, de los cuales no se conocen todas las consecuencias y la posibilidad de rectificación se demora y la mayoría se forma sobre opciones. El escrutinio es un resultado matemático de tal vez haber renunciado los votantes a sus convicciones más amplias, para reducirlas a lo que hay en el cuarto oscuro. Los políticos seducen mediante engaños, omitiendo las malas noticias. Todo esto es parte de la praxis democrática reconocible.

Estas debilidades en cuanto a la posibilidad de atribuir de manera directa a esa mayoría circunstancial la adhesión total a un gobierno, tienen como consecuencia lógica que la habilitación para imponer su voluntad (lo que es propio de la acción de gobernar), también es limitada. Como simple aplicación del mismo principio.

El voto, reconocido como fuente inmediata de la legitimidad de origen, no agota el problema de la legitimidad en la democracia. Se reconoce por lo tanto más que en cualquier otro sistema de justificación que la legitimidad se mantenga en el *ejercicio* del poder.

El comicio otorga un "mandato" y no un título de propiedad sobre súbditos. Si de lo que se trata es de demostrar el meollo de la legitimidad (que el gobernado está siendo gobernado como quiere), aún cuando consideráramos absoluta la regla convencional de la mayoría o minoría establecida como triunfante a los efectos de seleccionar quién gobierna, el principio debe seguir cumpliéndose en el sentido de que la soberanía pertenece a las personas y el gobernante es un servidor de ellas.

Hay también unas condiciones para que la voluntad popular pueda ser considerada como tal. En el terreno civil se entienden como vicios de la voluntad el error, la fuerza física o moral y el dolo. La voluntad para que pueda ser tal y servir como propósito legitimador tiene que estar libre de interferencias, debe pronunciarse sobre las personas que van a gobernar sin restricciones o engaños, o sobre los programas que llevarán adelante. Aquellos que votan lo hacen como una forma de delegación. Eso requiere un ambiente de debate a modo de una plaza pública donde las ideas circulan, se expresan sin temor a represalias. Quienes votan no solo deben ser dueños de votar, también lo deben ser de sus propias vidas, no tienen que temer perder por sus opiniones.

Se supone que el gobierno ejerce un mandato del pueblo. No un mandato de la mayoría, el poder constitucional que se ejerce está determinado en la primera instancia de voluntad o pacto. Quién lo lleva adelante es aquel que la mayoría o primera minoría del cuerpo electoral —que nunca componen todos— ha determinado. Eso extiende la legitimidad hacia todos y compromete a todos a aceptarla. El mando no es un atributo obtenido de la mayoría, sino de la totalidad. Eso es lo que conforma al "demos"[21]. Mandato y legitimidad son inseparables. Si el mandato fuera solo de la mayoría circunstancial o de la minoría triunfante, ese gobierno solo sería legítimo ante su parcialidad. Esto que es fácil de reconocer como una ficción, se hace más real en el ejercicio del poder como una búsqueda de lo que es mejor para todos.

Conseguir un número no alcanza para afirmar que existe una legitimidad democrática. El gobierno debe ejercerse por todos y para todos. La ficción de que las minorías también participan en el mandato se haría insostenible si el gobierno actuara directamente contra ellas. Cuando un gobierno se identifica solo como portador de la voluntad

---

21. Utilizo el término en sentido de "pueblo", como cuerpo de ciudadanos.

de la mayoría actuando como facción dominante en contra de las minorías, de los disidentes, de los que no lo siguen, se puede decir al menos que la suposición de que esas minorías, esos disidentes y esos perseguidos son mandantes queda fulminada.

El carácter pacífico del gobierno que surge del pacto original, que continúa siendo pacífico después de ganar, es una condición sine qua non para poder mantener la ficción de que el mandato, por lo tanto la legitimidad, es general y no particular.

Es en ese momento en el que la legitimidad de ejercicio en la democracia se asemeja a la idea de consenso. El gobierno naturalmente no actuará de acuerdo a la opinión de la minoría, pero debería pretender que su acción es en beneficio de todos por igual.

Aún así, siempre parecerá saludable que las opiniones contrarias sean consideradas, en lo posible tenidas en cuenta o incorporadas a las decisiones políticas. Esa práctica refuerza la lógica de la legitimidad inherente al sistema.

Legitimidad democrática y ciudadanía

Si la voluntad del gobernado es un rasgo esencial en esta forma de legitimidad, tenemos que pensar en el ciudadano como un individuo capaz de discernir y actuando como un mandante del sistema todo el tiempo.

Si la voluntad al votar fuera la única facultad a disposición del ciudadano y no la última de ellas, estaríamos hablando de un sistema democrático en un sentido tan restringido que carecería de todo valor. La democracia sería el derecho o la obligación de la población sometida de otorgar legitimidad al grupo que lo somete.

El gobierno *del pueblo* esta dado por esta forma particular de representación política, el gobierno *por el pueblo* supone igualdad ante la ley y la inexistencia de categorías de ciudadanos o fueros, y el gobierno *para el pueblo* es la condición más permanente de todas, si se entiende como tal que el beneficio de las acciones de gobierno debe operar sobre toda la población sin distinciones. El gobierno tiene que ser el que la gente realmente quiere, todos deben tener la posibilidad de acceder sin ventajas o entorpecimientos y el ejercicio del gobierno debe aspirar al bien común.

Siempre manteniéndonos dentro de la lógica del sistema, con independencia de que en mi opinión el bien común es solo la suposición que cierra la racionalidad del sistema, pero es imposible de definir. Pasa lo mismo que con la idea de mayoría en contraposición a totalidad, o sostener que la minoría también es titular del mandato. Difícil de verificar en la realidad, pero indispensable de suponer para que este tipo de legitimidad funcione.

Un resguardo habitual de la libertad del votante es el voto secreto. Se supone que más allá de cualquier interferencia, influencia, relación de dependencia que pueda existir entre el votante y cualquier grupo o persona, se encuentra en el cuarto oscuro donde podrá decidir sin ser molestado, incluso contra personas de las que pueda depender.

Este resguardo puede ser efectivo hasta cierto punto si el vínculo dependiente o el acto con capacidad para viciar la voluntad, se dan en el ámbito privado. Pero poco efecto tiene si el debate electoral consiste en la necesidad o no de mantener cierta oficina pública, reducir el gasto del

Estado en general, planes de asistencia, subsidios, respecto de aquellos que se verían directamente perjudicados o beneficiados por la decisión. Porque entonces la dependencia que elimina las condiciones de base de la democracia continúa aún dentro del cuarto oscuro. El estatismo es en ese sentido un elemento perturbador de la libertad del ciudadano.

Hecha la ley de la democracia, hecha la trampa de la democracia. Por lo tanto hay formas de neutralizar el efecto protector del cuarto oscuro con relaciones dependientes que comprometen al votante con determinada facción en el ejercicio del poder, no por sus ideas acerca del modo en que ese grupo promoverá en bienestar general, sino por una contraprestación que transforma al ciudadano en un "cliente". Este tipo de vínculo entre el estado y el votante no tenía vigencia significativa cuando nacen los sistemas constitucionales modernos, pero hoy se desarrollan populismos en los que un número creciente de ciudadanos ve atada su suerte a la continuidad de regímenes que utilizan fondos públicos para generar esos vínculos dependientes que invierten la relación entre mandante y mandatario.

Una pretendida democracia sin ciudadanos libres e iguales ante la ley, sin paz interna, es una democracia sin sentido. La democracia que se basa en la voluntad de los gobernados requiere de unos ciudadanos que no solo se considere que mandan por las ficciones inherentes al proceso electoral, sino porque pueden cambiar de opinión si el gobierno falla y no están atados a su suerte. Los ciudadanos siguen siendo ciudadanos después de votar y hasta la próxima votación, sus puntos de vista deben fluir sin controles, sin represalias, sin persecuciones en una competencia justa.

Sin este ambiente y proceso de formación libre y consulta de la voluntad específica de la población la democracia, sin que esa libertad se mantenga, sin ciudadanos que no tengan motivo para temer ser perseguidos, difamados, asustados por el aparato de poder, el votar significa poco como para asignarle valor legitimador. La democracia que pretende significar la idea de autogobierno se acercaría tanto al despotismo sobre la base de cualquier otra forma de legitimación que sería absurdo. Se transformaría en otra forma de mera "ideología", al decir de Rothbard, que mantenga a las masas aceptando su situación sin resistir.

Una cosa es entonces el electoralismo como esa "ideología" que sostiene un poder absoluto, y otra es una democracia como una real soberanía de los ciudadanos, de todos los ciudadanos, hayan ganado sus opiniones a la hora de votar o no. Una cosa es la ilegitimidad vestida con un ropaje de legitimidad y otra el ejercicio del gobierno de un modo justificado.

La legitimidad monárquica pretendía ser trascendente o hereditaria, estaba fuera por completo del control de los gobernados. La legitimidad democrática es mundana, observable en la vida diaria y en el desempeño de la autoridad pública como tal.

Los totalitarismos marxistas invocan al pueblo, habitualmente sus sistemas llevan el apelativo de "popular" y hasta de "república". Las dictaduras militares dicen sostenerse en los "intereses de la nación", el fascismo y el nacional socialismo no fueron la excepción en cuanto a pretender por el bien del pueblo llevar adelante proyectos que invocan criterios que validan con los actos de fuerza y la suspensión del proceso pluralista de formación de la voluntad popular en competencia a la que consideraban falsa y decadente.

Legitimidad, absolutismo y unción

Bajo el ordenamiento político monárquico europeo previo a los sistemas constitucionales sin embargo la legitimidad y sus fuentes estaban claras. La herencia con cierto aval desde un orden superior representado fundamentalmente por la Iglesia era el tamiz de licitud. Era un modo de justificar al gobierno bastante estable, ofrecía poco lugar a las dudas y las disputas giraban en torno al cumplimiento de las reglas de la sucesión.

Este pasaje del Ecleciastés citado por Ferrero nos habla del modo en que la monarquía sustentada en lo divino cierra su argumentación para permitir el absolutismo y tornarlo obligatorio por encima del propio bienestar de los gobernados.

> Yo me digo: debo obedecer las órdenes del rey por el juramento prestado a Yahvé. No me apresuraré a ocultarme de su presencia, ni me empeñaré en perseverar en el pecado, porque su voluntad no conoce ningún límite. La palabra del monarca es soberana y nadie osará preguntarle nunca ¿qué haces? Aquel que cumpla su voluntad no sufrirá mal alguno, un espíritu avisado conoce la hora propicia y la regla adecuada.

Vivimos una época de insatisfacción con los sistemas políticos democráticos. En algunos casos se trata de expectativas de bienestar y seguridad no satisfechas. En otros con gobiernos que en nombre de la democracia por el solo hecho de haber sido electos intentan disciplinar a la sociedad, uniformarla, perseguir las opiniones distintas o la simple disconformidad, instalan un sistema de vigilancia de raigambre totalitaria, no esconden su intención de terminar con la prensa libre o con el sistema judicial.

En este último caso la forma de argumentación no es diferente a la de la cita del Ecleciastés mencionada, se cierra sobre un solo argumento que es el de la unción, la legitimidad de origen, para hacerla pesar como un derecho absoluto que va más allá incluso del derecho de propiedad sin reconocer límites hacia cualquier ejercicio del poder. Quién gana parece tener derecho a todo, los recursos públicos le pertenecen para usarlos en su propio favor, los empleados del Estado son conminados a participar en actos masivos fascistas o perder sus trabajos. Crecientes capas de la población dependen de la voluntad de los oficiales públicos identificados con el partido o el líder.

No se trata solo de discutir la conveniencia de esta forma de política, sino de advertir cómo se aleja de la lógica interna del principio legitimador democrático.

Podríamos cambiar algunas palabras y definir a la legitimidad original populista del siguiente modo:

Yo me digo: debo obedecer las órdenes del líder por el resultado de las elecciones según datos oficiales. No me apresuraré a ocultarme de su presencia, ni me empeñaré en perseverar en el error antirrevolucionario, porque su voluntad no conoce ningún límite. La palabra del comandante es soberana y nadie osará preguntarle nunca

¿qué haces? Aquel que cumpla su voluntad no sufrirá mal alguno, un espíritu avisado conoce la hora propicia y la regla adecuada.

Se desnuda el paralelismo entre el absolutismo monárquico y el absolutismo de origen comicial que se deslegitiman en el ejercicio del poder y cierran la argumentación como método de evadir la responsabilidad por sus transgresiones. El fascismo guiado por presupuestos similares en su absolutismo no pretendía ser democrático sin embargo, se manifestaba de manera abierta como totalitario: "*El fascismo rechaza frontalmente las doctrinas del liberalismo, tanto en el campo político como económico*", sentenciaba Mussolini. El populismo es un neofascismo donde el único resabio de liberalismo político subsistente será el voto, cada vez más controlado y condicionado. Hará una exhibición abierta de su odio por la prensa, la justicia, el debate, la crítica e instalará un aparato oficial de difamación y asesinato de la reputación de los disidentes.

Se llega a establecer un vínculo entre el dependiente pobre del estado y el liderazgo de la facción que no dista mucho del de la esclavitud. Se observan formas de exaltación de la personalidad del individuo que encarna una etapa fundacional.

¿Qué queda en este extremo del concepto de voluntad popular?

El principio de legitimidad y el culto al líder
El sujeto propio e ideal de la democracia ya lo había dicho, es un ciudadano activo que piensa por sí mismo, estudia

alternativas y elige de acuerdo a su leal saber entender cuál le parece mejor. La democracia que se legitima en tanto se acerca lo más posible a la idea de autogobierno tiene poco que ver con el culto a la personalidad de un líder.

En el populismo es imposible encontrar ese vínculo en los disidentes por supuesto, todos convertidos en enemigos internos, pero tampoco resulta fácil hallarlo entre los oficialistas. Lo que vemos en cambio es una estructura uniformada, obediente, dispuesta a seguir cualquier consigna y a cambiarla ciento ochenta grados si el líder así lo dicta. El aparato de propaganda incorpora enemigos o los rehabilita según la agenda de alianzas del día, de un modo similar al Ministerio de la Verdad del 1984 de George Orwell. Los seguidores se van enterando de que determinadas personas son enemigos o traidores a medida que el aparato de propaganda los señala.

El uniforme se impone como signo de disciplina. Pero el aparato de propaganda no esta destinado a suprimir la voluntad de la oposición, sino la del oficialismo. Es en su ámbito donde todo debe aceptarse sin posibilidad de debate.

Intentando contradecir lo que estos signos revelan sobre una relación de sometimiento, se muestran exteriorizaciones de amor ilimitado al líder, que no dan idea de legitimidad democrática sino de sumisión. Dentro de la facción oficial no hay posibilidad de disenso. Quienes se encuentran fuera de la red del poder están excluidos como ciudadanos, pero más lo están los que componen el sistema.

Nos encontramos con que pese a la unción, no podemos afirmar ciertamente que lo que se llama gobierno sea representativo de los disidentes, pero ni siquiera representa a los dependientes oficialistas que son por completo dependientes. El gobierno es simplemente agente de sí mismo, como en el absolutismo monárquico. El Estado secular es mostrado como portador de poderes milagrosos y el gobierno tiende a la deificación. La separación entre el Cesar y Dios muta hacia la divinidad del Cesar en sí. La división de la sociedad hace imposible concebir la idea de "pueblo"; no se cumple en ningún sentido la idea de mandato, ni mucho menos la de igualdad ante la ley.

Si aceptáramos que en los términos de esa división el grupo gobernante gobierna para los propios contra los extraños tendríamos que hablar de una legitimidad parcial. Un número que tendría la obligación de obedecer (los vencedores mandantes) y otro que carecería de gobierno (los perdedores sin representación). No se puede gozar de los beneficios de suponer que el gobierno es de todos si expresamente se lleva el apoyo mayoritario al extremo de usarlo contra los derechos de los que no son parte de esa mayoría. Si el gobierno es de todos, tiene obligaciones con todos, si es de una parte, la otra queda liberada de todo compromiso.

Naturaleza de la legitimidad democrática y república
El populismo latinoamericano sin embargo es apenas un aspecto de un problema a mi juicio sin resolver en el traspaso demasiado lineal de la idea de legitimidad desde la monarquía a la democracia moderna. Seguimos hablando de "soberanía" popular, como si los atributos del Soberano rey sencillamente pasaran sin modificarse a los ciudadanos. El paso del poder de un ungido a la auto-administración de la sociedad implica lógicamente

un cambio de naturaleza y no solo de titularidad del poder. La democracia no solo debería cambiar el modo de dar origen a una forma de mando diferente, sino que el mando en cierto modo debería dejar de ser tal para verse transformado de alguna manera en la administración de los asuntos comunes. Cambia más que el origen y el ejercicio porque cambia la naturaleza del poder político como tal. Cambia su causa legitimadora y su efecto legitimador también.

La racionalidad democrática no puede considerarse satisfecha sólo cubriendo la justificación del poder como una mera forma de unción, en su origen, sino que también tendría que abarcar el modo de su ejercicio en el mantenimiento de la paz mediante el servicio de justicia y la solución de los problemas comunes.

El quiebre que significa la legitimidad democrática se encuentra en que a diferencia de la legitimidad europea monárquica, el acto de la unción no puede tener el mismo efecto justificador de las acciones de un príncipe que no es tal. El escrutinio es un procedimiento para seleccionar al representante general, pero interpretarlo como la conformación de un título de propiedad sobre el país o sus habitantes es llevar esta asimilación demasiado lejos. El mero capricho no debería tener lugar. Por eso los principios de la república: división de los poderes, publicidad de los actos de gobierno, perioricidad, igualdad ante la ley y derechos individuales son formas de completar, perfeccionar y tornar más real la lógica interna de la legitimidad democrática.

La república compromete al ejercicio del poder y es un paso de avance y evolución natural de la voluntad popular por encima del gobierno. Debe haber una diferencia entre ser gobernado por un rey y ser gobernado por un gobierno representativo. La diferencia entre uno y otro poder no puede apenas descansar en un principio de unción. Si como señala Ferraro ningún principio de legitimidad supera un riguroso análisis lógico, el democrático es además mucho más provisorio, normalmente incorpora formas de revocación del mandato y responsabilidad por los actos de gobierno. Pero es cierto, el título por el cual unas personas están sometidas a otras es incluso para la democracia insostenible con un análisis riguroso, requiere de una cadena de ficciones. El peso de la legitimidad debe estar por lo tanto en el modo en el que el gobierno electo sigue siendo legítimo hasta la próxima elección.

Otras posibles formas de reforzar el contrato social
La experiencia del desarrollo de las democracias constitucionales y republicanas a partir de las ideas de Locke y Montesquieu nos permite ahora ver las fisuras que tales sistemas ofrecen, los vicios que se han ido formando y enquistando y sobre todo, en cuanto a la materia de este trabajo, observar como las ficciones de esta racionalidad pueden caer en verdaderos absurdos.

La división de los poderes y cualquiera de las otras condiciones republicanas son aprendizajes incorporados en otros tiempos para detener al despotismo que desnaturaliza por completo a la democracia con mucha mayor profundidad que a cualquier otra forma de legitimidad.

Con esa experiencia hoy podríamos pensar en reforzar otros remedios que sin ser novedosos no han sido aplicados con igual rigor que los anteriores. Uno de ellos es la distribución del poder, la desmembración de los poderes que actualmente están concentrados en grandes estados nacionales alejados por completo de la escala humana y de la posibilidad de control por parte de ese ciudadano libre y consciente que es la célula del sistema.

Un federalismo al extremo, en el que las decisiones y los recursos se encuentren en su mayor parte a nivel local. Nivel que el individuo puede alcanzar, le es conocido, tiene acceso y puede influir. Es difícil que un gobierno nacional fuertemente unitario esté al alcance de la crítica del ciudadano si no es al extremo mediatizado. Los poderes centrales se encuentran en debate con grandes empresas de medios en vez de eso, que deslegitimarán por ser justamente grandes que es la condición en la que por su escala están en condiciones de hacerles mella.

En un nuevo pacto la descentralización debería ser a mi juicio un elemento de discusión fundamental. Los recursos impositivos deberían decidirse y recaudarse a ese nivel y los poderes nacionales ser delegados de los gobiernos locales.

La legitimación del gobierno alcanzada por designio ciudadano por ese mismo motivo y porque es una derivación lógica de ese principio, debiera aceptar la posibilidad de secesión. Esta es una posibilidad que asusta, pero solo porque se sigue pensando a la sociedad como algo que fundamentalmente debe ser gobernado por una aristocracia y no quedar librada a sus pasiones.

Una unidad política menor debería tener el derecho de separarse de una unidad política mayor si es que el poder se sustenta en lo que los gobernados quieren. No hay un motivo lógico para negarla.

Puedo pensar incluso que un gobierno a escala humana permitiría evitar la mediatización del poder. Esas democracias podrían ser mucho más directas y menos representativas sin daño a la eficacia de la acción de gobierno.

PABLO DA SILVEIRA. Doctor en Filosofía por la Universidad de Lovaina (Bélgica), donde también fueinvestigador. Es profesor de Filosofía Política y Director del Programa de Gobierno de la Educación en la Universidad Católica del Uruguay (Montevideo). Entre 2008 y 2011 integró el Consejo Consultivo de Educación Terciaria Privada del Ministerio de Educación y Cultura. Es investigador del Sistema Nacional de Investigadores uruguayo. Ha sido profesor visitante en universidades de América Latina y Europa. Miembro del consejo de redacción y árbitro de revistas académicas de circulación internacional. Es columnista del diario *El País* de Montevideo.

Ha escrito los siguietes libros: *La Segunda Reforma* (Montevideo, CLAEH/Fundación Banco de Boston, 1995); *Le débat libéraux-communautariens* (París, Presses Universitaires de France , 1997, en colaboración con André Berten y Hervé Pourtois); *Historias de Filósofos* (Buenos Aires, Alfaguara, 1997); *Política & tiempo* (Buenos Aires, Taurus, 2000); *Diálogo sobre el liberalismo* (Montevideo, Taurus, 2001, en colaboración con Ramón Díaz); *John Rawls y la justicia distributiva* (Madrid, Ed. Campo de Ideas, 2003); *Liberalismo y jacobinismo en el Uruguay batllista* (Montevideo, Taurus, 2003, en colaboración con Susana Monreal); *Una introducción a la teoría de la argumentación* (Buenos Aires, Taurus, 2004); y *Padres, maestros y políticos. El desafío de gobernar la educación* (Buenos Aires, Taurus, 2009).

PARTICIPACIÓN Y REPRESENTACIÓN: COMPLEJIDADES TEÓRICAS, RIESGOS INSTITUCIONALES

Pablo da Silveira
(Universidad Católica del Uruguay, Montevideo)

Abstract: Se analizan desde la perspectiva de la filosofía política tres argumentos usualmente empleados para justificar el fortalecimiento de la participación ciudadana en la aplicación de políticas públicas y en el diseño institucional. El primero dice que la participación es necesaria para vivir vidas humanas más completas. El segundo dice que es necesaria para lograr un funcionamiento más sano de las instituciones democráticas. El tercero dice que es una condición para un ejercicio efectivo de la libertad. Se concluye que, a pesar de su plausibilidad prima facie, los tres argumentos son problemáticos y encierran riesgos institucionales. Si la confianza en la participación puede ser justificada, deberá serlo con medios más sofisticados desde el punto de vista conceptual.

I. Una idea en boga

Tanto en el terreno teórico como en el de las prácticas políticas concretas, la idea de participación se ha vuelto una consigna cargada de connotaciones positivas. Según una visión crecientemente extendida, aumentar o profundizar la participación ciudadana sería el remedio adecuado para muchos de los problemas que parecen aquejar a las democracias de masas contemporáneas.

Dejando de lado muchas cuestiones de detalle, puede afirmarse que esta actitud favorable al estímulo de la participación adopta una versión moderada y otra más radical. La versión moderada consiste en decir que muchos de los problemas que aquejan al sistema representativo tradicional (desde la apatía ciudadana hasta la dificultad para establecer mecanismos eficaces de *accountability*) podrían verse superados si se introdujeran modalidades más vigorosas de participación ciudadana, ya sea en el nivel local como en el de la asociación política en su conjunto. Quienes defienden este punto de vista[22] proponen diversas maneras de complementar el funcionamiento de las instituciones representativas tradicionales pero no dejan de aceptar que:

> modern democracy is an elitist system (…): we are ruled by others, but we select them and we replace them with our votes. This is what is distinct about democracies: rulers are selected through elections" (PRZEWORSKI, STOKES & MANIN 1999: 4).

La versión radical del argumento consiste en decir que la idea misma de representación debe ser abandonada en

---

22. Esta visión tiene distinguidos antecedentes que se remontan como mínimo a los *Federalist Papers* y a los trabajos de Benjamin Constant y Alexis de Tocqueville. En la actualidad, diferentes variantes del mismo punto de vista han sido defendidas, entre otros, por Robert Dahl (1989: 340), Jürgen Habermas (1992), Roberto Gargarella (1998) James Fishkin y Bruce Ackerman (FISHKIN 1991, ACKERMAN & FISHKIN 2005).

beneficio de formas alternativas de organización del proceso de decisión política. Para quienes ven las cosas de este modo[23], la democracia representativa no es corregible sino que debe ser sustituida. Para algunos esto significa dar un paso atrás y volver a formas de democracia al estilo de la antigua Grecia o del renacimiento italiano. Para otros es necesario dar un paso adelante e instalar alguna forma de "democracia electrónica" apoyada en un uso intensivo de Internet y las redes sociales[24].

Esta renovada vigencia de la idea de participación no sólo se verifica en el terreno académico sino también en el de las prácticas políticas concretas. En particular, un rasgo de la política latinoamericana reciente es que las apelaciones a la participación (ya sea en su versión moderada o radical) han ganado un amplio espacio tanto en el dis-

---

23. De una manera u otra, todos aquellos que defienden el punto de vista radical son herederos de Rousseau y su clásico rechazo a toda forma de representación política (tal como se expresa, por ejemplo, en *El Contrato Social* III, XV). Pero, si bien las críticas a la representación y las defensas de la participación ciudadana son frecuentes en la producción académica reciente, no es fácil encontrar autores de primer orden que hagan propuestas sustitutivas muy nítidas. Aun los más firmes defensores contemporáneos del republicanismo, como Quentin Skinner, Philip Pettit y Maurizio Viroli, se vuelven prudentes a la hora de proponer fórmulas institucionales alternativas (ver SKINNER 1992, SKINNER & VAN GELDEREN 2002, PETTIT 1997 y 2012, VIROLI 2002). Entre los autores que han avanzado más decididamente por el camino que lleva hacia la ruptura con las formas tradicionales de representación se cuentan Ernesto Laclau y Chantal Moufe, frecuentemente reconocidos como referentes intelectuales del kirchnerismo argentino (ver, por ejemplo, MOUFFE 2000, LACLAU 2007).

24. Para este último enfoque ver, por ejemplo, GIBSON, ROMMELE & WARD (eds.) 2004, KERTING & BALDERSHEIM (eds.) 2004,

curso de los partidos como en las prácticas de los gobiernos. Las demandas o promesas de mayor participación se escuchan con frecuencia en las campañas electorales. La creación de consejos de participación (ya sea de carácter territorial o funcional), el diseño de políticas sociales que pretenden un fuerte involucramiento de los destinatarios y la aplicación de instrumentos de decisión directa como los "presupuestos participativos" se han vuelto frecuentes en varios países[25].

La pregunta crucial es si esta confianza en los efectos benéficos de la participación está bien fundada. Y, cualquiera sea la respuesta correcta, lo único seguro es que no tiene nada de evidente. Por lo pronto, hay buenas razones para creer que la correlación entre el peso del término "participación" en la retórica política y la calidad de la democracia tiende a ser negativa: en las democracias más sólidas y maduras del planeta, el término se emplea bastante poco; en cambio, es permanentemente utilizado en países como Venezuela y Nicaragua. Tampoco es evidente el vínculo entre la calidad de la democracia y el funcionamiento de dispositivos institucionales que favorezcan un ejercicio efectivo (y no meramente retórico) de la participación.

Por estas razones, puede ser útil realizar un examen de algunos de los argumentos más frecuentemente utilizados para justificar la confianza en los efectos positivos de la participación, e intentar una evaluación al menos primaria de su solidez y plausibilidad. Esta clase de examen conceptual, propio de la filosofía política, no sustituye al examen de experiencias e instituciones concretas,

---

25. Ver, por ejemplo, RIAL 2000, ESCOBAR 2004, IRARRAZABAL 2005, HEVIA 2006, GOLDFRANK 2006, ZOVATTO 2007.

pero ayuda a formular las preguntas que deben orientar las evaluaciones empíricas.

II. Argumentos a favor de la participación

Sin ninguna pretensión de exhaustividad, en este *paper* voy a concentrarme en tres argumentos que se usan con bastante frecuencia para promover la búsqueda de una mayor participación ciudadana, así como para justificar la expectativa de que esas transformaciones tengan efectos benéficos para el conjunto de la sociedad. He optado por estos argumentos en particular, no sólo porque se los encuentra con relativa facilidad (ya sea de manera explícita o implícita) en los debates reales, sino porque todos ellos ofrecen un alto grado de "respetabilidad intelectual", al conectar con antecedentes que forman parte de la gran tradición del pensamiento político de Occidente. Dejo de lado otros argumentos que, más allá de su eventual eficacia de corto plazo, lucen menos respetables a la hora del examen racional.

Los tres argumentos seleccionados sostienen que:

(a) la participación ciudadana es necesaria para vivir vidas humanas más completas;
(b) la participación ciudadana es necesaria para asegurar un mejor funcionamiento de las instituciones;
(c) la participación ciudadana es un componente del ejercicio de la libertad.

En esta sección voy a proponer una formulación estilizada de cada uno de estos argumentos, es decir, una formulación que deje de lado las diferentes variantes en las que pueden presentarse. En la sección siguiente voy a argumentar que, si bien cada uno de ellos tiene cierta plausibilidad *prima facie*, todos enfrentan dificultades de tipo conceptual y pueden generar consecuencias negativas en el terreno de las prácticas políticas concretas y del diseño institucional.

(a) La participación ciudadana es necesaria para que vivir vidas humanas más completas

El núcleo de este primer argumento consiste en afirmar que no conseguiremos vivir vidas plenamente humanas (es decir, vidas en las que desarrollemos en forma plena nuestras mejores potencialidades) a menos que nos involucremos en la vida pública de la comunidad a la que pertenecemos. Un ciudadano puramente privado no sólo es un ciudadano incompleto, sino una persona incompleta.

Esta idea, de clara raigambre aristotélica, ha encontrado defensores todo a lo largo de la historia política de Occidente. La intuición fundamental es que los seres humanos somos animales políticos por naturaleza, de modo que no debemos inhibir esa dimensión de nuestra existencia. En el origen está la célebre expresión aristotélica *zoon politikon*, que no por conocida es fácil de traducir[26].

Ser un *zoon politikon* no significa ser un animal social, como a veces se piensa, porque esa es una condición que compartimos con las hormigas y las abejas. Etimológicamente, ser un *zoon politikon* quiere decir ser un animal naturalmente inclinado a vivir en la *polis*. Pero, como todos

---

26. La formulación canónica aparece en *La Política* 1253a1. También en *Ética a Nicómaco* 1097b11.

sabemos, la palabra griega *polis* encierra una ambigüedad. Por un lado quiere decir la ciudad en el sentido físico del término. Por otro, quiere decir la asociación política, es decir, el conjunto de ciudadanos que interactúan en pie de igualdad política. Tal vez la mejor traducción de *zoon politikon* sea "animal cívico": los seres humanos estamos naturalmente inclinados a tratarnos como conciudadanos en el marco de la asociación política, lo que incluye de manera muy especial la idea de participar en la elaboración de las reglas que van a organizar la coexistencia.

Lo anterior no alcanza, sin embargo, para entender en qué sentido la vida cívica nos completa y nos hace mejores como seres humanos (y no solamente como ciudadanos[27]). Este punto exige introducir una distinción, que también se remonta a Aristóteles, entre "vivir" y "vivir bien".

Los miembros de la especie humana somos seres vivos entre los seres vivos y, por lo tanto, compartimos con las plantas y los animales un conjunto de necesidades vitales. "Vivir" es la actividad que consiste en buscar los medios para satisfacer esas necesidades, y satisfacerlas efectivamente. Algunas de ellas (como la alimentación) pueden ser satisfechas por un individuo aislado. Otras (como la procreación y la defensa contra ataques masivos) sólo pueden serlo en forma colectiva. Esto da lugar a la aparición de comunidades que surgen como respuestas "naturales" a nuestras necesidades. La familia, por ejemplo es una comunidad "necesaria" para la conservación de los individuos y de la especie. Las formas más simples de comunidad (o *koinonia*, como dice Aristóteles) tienen su ori-

---

27. Sobre este aspecto específico ver, por ejemplo, MANSBRIDGE 1995.

gen en una o varias necesidades de este tipo, identificadas con el "vivir"[28].

Pero, a diferencia de los animales, los seres humanos no estamos obligados a repetir cíclicamente los ritos de la vida. Esto se debe a que tenemos capacidad de *acción*, es decir, de elegir entre opciones de distinta significación moral y actuar en consecuencia. Al menos dentro de ciertos límites, el ser humano puede elegir entre géneros de vida alternativos y puede hacerse preguntas sobre el acierto o desacierto (y el éxito o fracaso) de su elección. "Vivir bien" es vivir esa clase de vida que sólo está al alcance del ser humano. Aristóteles sostendrá que esa forma superior de vida consistirá en aquella que permita el pleno desarrollo de nuestras capacidades específicas, es decir, la racionalidad, el lenguaje y el sentido de justicia.

Para Aristóteles, la asociación política es la forma superior de *koinonia* porque es la comunidad que nos permite buscar la vida buena por los medios específicamente humanos, es decir: mediante la deliberación acerca de lo que está bien y lo que está mal. Esta idea aparece expresada en un pasaje célebre de *La Política*: "Si bien fue fundada para poder vivir, la ciudad existe para poder vivir bien"[29]. El significado de esta frase es que, si bien la ciudad fue fundada por razones que tienen que ver con la seguridad y la autopreservación, se convirtió en el lugar que nos permite buscar en comunidad la vida buena (nuestro *telos*, entendido como aquello que cada cosa es una vez acabado su desarrollo).

---

28. Al respecto ver, por ejemplo, GARVER 2011.
29. *La Política* 1280b.

Este es el alcance específico de la tesis aristotélica sobre el *zoon politikon*. Quien no puede o no tiene necesidad de vivir en la *polis* es mucho menos o mucho más que un ser humano: o bien es un animal, o bien es un dios[30]. La idea recorrió un largo camino[31] desde entonces y reverdeció en la segunda mitad del siglo XX, cuando la democracia de masas pasó a ser una realidad. Representantes del humanismo cívico como Hannah Arendt (1958) o, mucho más recientemente, representantes del comunitarismo como Michael Sandel (1996) y Charles Taylor (1989), le han dado nueva vigencia y han contribuido a trasladarla desde el ámbito puramente académico a la discusión ciudadana.

(b) La participación ciudadana es necesaria para asegurar un mejor funcionamiento de las instituciones
Un segundo argumento frecuentemente invocado para justificar las iniciativas políticas e institucionales a favor de la participación consiste en decir que ésta es necesaria para asegurar un mejor funcionamiento de las instituciones políticas. Esta tesis general puede descomponerse en dos afirmaciones que han tenido una gran influencia sobre el pensamiento político de Occidente.

La primera afirmación dice que una ciudadanía vigilante y dispuesta a intervenir en la vida pública es el mejor antídoto contra las eventuales derivas arbitrarias o autoritarias de quienes ejercen el poder. Una ciudadanía pasiva, que extiende un cheque en blanco a quienes gobiernan, se expone a ser víctima de toda clase de abusos. La asimetría que se crea entre gobernantes y gobernados es dema-

---

30. La afirmación aparece en *La Política* 1253a25.
31. Ver al respecto MANIN 1997: 68, SKINNER & VAN GELDEREN 2002.

siado grande y difícil de neutralizar. Pero ese riesgo será minimizado si se cuenta con una ciudadanía movilizada y atenta, que exige que le rindan cuentas con frecuencia, critica las decisiones adoptadas y participa en el proceso deliberativo que conducirá a nuevas decisiones. En tales condiciones, no sólo los gobernantes se beneficiarán de los aportes provenientes de los ciudadanos, sino que tendrán fuertes razones para inhibir sus impulsos menos elogiables. Esta visión fue desarrollada en términos clásicos por, entre otros, James Madison (1788), Benjamin Constant (1819) y John Stuart Mill (1859).

La segunda afirmación consiste en decir que la participación en el espacio público (ya sea dentro del sistema político o desde la sociedad civil) es una escuela de virtudes cívicas. Al encontrarse cara a cara con otros ciudadanos en reuniones y asambleas, y al verse obligados a considerar puntos de vista e intereses divergentes, los ciudadanos desarrollan una mayor tolerancia y flexibilidad mental, al tiempo que aprenden a administrar conflictos, a hacer recíprocas concesiones y a construir salidas negociadas. Esta cultura cívica compartida hace posible entre otras cosas que, en los niveles más elevados del gobierno, puedan tomarse decisiones más responsables y maduras (por ejemplo, decisiones que generen costos de corto plazo pero beneficios en plazos más extendidos). La idea básica es que la democracia no puede funcionar si no hay demócratas. Un aporte esencial de la participación consistiría en su capacidad de fortalecer el desarrollo de aquellas capacidades intelectuales y morales que son requeridas para el sano ejercicio de la ciudadanía democrática. Una versión clásica de este argumento aparece en el primer tomo de *La democracia en América*, de Alexis de Tocqueville. Al analizar las condiciones culturales y sociales sobre las que reposa el funcionamiento de la democracia estadounidense, Tocqueville enfatiza el papel jugado por las asambleas locales que se celebran en cada pueblo o ciudad, y los presenta como verdaderas escuelas de democracia.

Como puede observarse, estas dos líneas argumentales pueden conducir a defensas más extremas o más moderadas de la participación ciudadana. Las versiones más extremas propondrán un modelo de democracia de base de cuño rousseauniano, donde todas las decisiones importantes sean adoptadas directamente por los ciudadanos y el Poder Ejecutivo quede reducido a una agencia encargada de convertir las decisiones generales en actos particulares, casi sin margen de maniobra. Las versiones más moderadas pueden conceder cierto grado de autonomía a quienes ejercen cotidianamente el gobierno, pero bajo la condición de que rindan cuentas en forma permanente y estén dispuestos a incorporar los rumbos estratégicos que sean acordados por los ciudadanos que se reúnen a deliberar. Esta visión moderada aparece en las formas más tradicionales de republicanismo, como la defendida por Maquiavelo, así como en algunas defensas contemporáneas de la democracia deliberativa, como las propuestas por Jürgen Habermas (1992) y Axel Honneth (1994).

(c) La participación ciudadana como parte del ejercicio de la libertad
La tercera afirmación frecuentemente utilizada para justificar diversas formas de estímulo a la participación está asociada a una discusión central de la filosofía contempo-

ránea, que gira en torno al modo en que debe entenderse el concepto de libertad.

Para la tradición liberal clásica, la libertad consiste en la ausencia de interferencias arbitrarias. Para decirlo con la expresión acuñada por Isaiah Berlin, los liberales entienden a la libertad en el sentido de "libertad negativa" (BERLIN 1958). En este sentido específico, soy libre si nadie me obliga a hacer algo que no quiero hacer ni nadie me impide hacer aquello que quiero hacer. Cuando existe alguna interferencia generada por una voluntad ajena, mi libertad está siendo limitada.

Como los liberales priorizan el respeto de la libertad negativa, proponen formas de gobierno que nos protejan del riesgo de imposiciones arbitrarias al menor costo en términos de limitaciones que todos debamos aceptar. Una ley o una disposición constitucional son legítimas si se ajustan a esta lógica. Pero dado que toda norma (incluyendo las legítimas) implica alguna limitación al menos potencial a nuestra libertad negativa, entonces es preferible un gobierno que legisle poco. Los liberales no quieren constreñimientos arbitrarios y quieren la menor cantidad posible de constreñimientos legítimos.

Pero otras tradiciones políticas sostienen que esta manera de conceptualizar la libertad es inadecuada e insuficiente. Por ejemplo, los defensores contemporáneos del republicanismo (como Philip Pettit y Maurizio Viroli) sostienen que alguien puede ser libre en este sentido y al mismo tiempo no ser independiente. Tal es el caso de un esclavo que tiene un amo tolerante y bien intencionado. Ese amo no interfiere con las decisiones de su esclavo, pero en cualquier momento podría hacerlo porque sigue siendo su amo (VIROLI 2002: 10). En un caso semejante no habría una falta de libertad entendida como interferencia, pero sí habría una falta de libertad entendida como ausencia de dominación.

Para quienes ven las cosas de este modo, un Estado protector de las libertades no sólo debe velar por la libertad como ausencia de interferencia sino también por la libertad entendida como ausencia de dominación. Y, dado que estas dos formas de entender la libertad están en tensión, puede ocurrir que sea necesario aceptar *más* interferencia para asegurar *menos* dominación:

> To free women from dependence, one must have laws that ensure equality within the family, limiting the arbitrary power of men; to protect dependent workers, one must have laws that safeguard their physical and moral dignity and limit their employer's arbitrary power; to emancipate the needy from charity, one must impose taxes that provide adequate public assistance. In these cases, reducing the domination from which some citizens suffer entails increasing the restriction of other's (negative) liberty (…). It is not possible to reduce dependence without imposing legal restraints" (VIROLI 2002: 53).

Este razonamiento general es fácilmente convertible en un argumento a favor de la participación. La dominación de una persona sobre otra no es la única clase de dominación que puede existir en una sociedad compleja. También existe la dominación de grandes masas de ciudadanos por parte de burocracias que monopolizan la capacidad de responder a ciertas necesidades, por parte de oligarquías políticas que se apropian del gobierno (incluida la capacidad de legislar) o, para decirlo en el lenguaje de Habermas, por parte de sistemas autonomizados que invaden el mundo de la vida (HABERMAS 1981).

Tanto en la literatura académica como en el debate público de muchas sociedades democráticas, diversas voces sostienen que este problema debe ser enfrentado con una combinación de deliberación pública y participación. La deliberación organizada tiene el propósito de aumentar en amplias capas de la ciudadanía la comprensión de los problemas comunes y de las propuestas de solución disponibles[32]. La participación en la toma de decisiones públicas tiene el efecto de aumentar la libertad como ausencia de dominación, en el sentido de aumentar la capacidad ciudadana de incidir en la elaboración de aquellas normas y decisiones que los propios ciudadanos deberán respetar. Detrás de este programa hay una idea que fue formulada en términos clásicos por Rousseau[33]: los individuos no perderán su libertad (entendida como ausencia de dominación) si, en el momento de tener que obedecer a la autoridad política, se están obedeciendo a sí mismos, es decir, si pueden reconocer como propias las imposiciones que limitan el ejercicio de su voluntad individual[34].

III. Problemas teóricos, consecuencias prácticas

Los tres argumentos que intenté presentar de manera estilizada forman una parte sustancial del arsenal conceptual

---

32. Al respecto ver, por ejemplo, ACKERMAN & FISHKIN 2005.

33. El *locus classicus* es *Contrato Social* I, VI.

34. Para un desarrollo y crítica de esta idea ver CHRISTIANO 1996: 24ss.

y retórico al que se suele apelar para justificar las iniciativas favorables a la participación. Justamente por eso, es importante percibir que ninguno está libre de problemas y dificultades. En particular, ninguna de estas tres afirmaciones es objeto de consenso entre quienes se dedican a reflexionar con algún rigor sobre el funcionamiento de las sociedades democráticas.

(a) ¿Hace falta participar para alcanzar la plenitud humana?

Parece claro que la participación en alguna de sus formas puede enriquecer la vida humana. Por ejemplo, puede contribuir a dar sentido a la existencia de una persona, puede mejorar su autoestima haciéndola sentir socialmente útil, puede desarrollar sus capacidades o aumentar su bienestar individual. Pero la pregunta importante es si esto es suficiente para convertir a la participación en un valor a ser promovido desde el Estado, frente a otras formas posibles de concebir el ejercicio de la ciudadanía. Y la respuesta a esta pregunta es altamente controvertida.

Por una parte, los impactos favorables de la participación sobre la vida individual pueden ser proporcionados por cualquier experiencia asociativa de carácter privado, incluyendo la pertenencia a una iglesia o a una organización barrial, la militancia en un movimiento de protección del medio ambiente o la afiliación a los *boy scouts*. ¿Hay algo de censurable en el hecho de involucrarse en estas formas de vida asociativa en el ámbito de la sociedad civil, al mismo tiempo que se mantiene distancia con la vida política en sentido estricto?

Una manera de responder a esta pregunta consiste en recurrir a la visión aristotélica sobre la estratificación de las comunidades: ciertamente hay muchas modalidades de vida comunitaria que pueden agregar valor a nuestras vidas, pero hay una que es claramente superior a las demás porque es la única que puede permitirnos desplegar nuestras mejores potencialidades. Esa forma específica de vida comunitaria es aquella a la que se accede cuando nos involucramos activamente en la vida política.

Esta respuesta resulta persuasiva para muchos, pero no por eso deja de ser controvertida. Y una manera de explicar las discrepancias que se generan consiste en formular lo que puede llamarse "la objeción Da Vinci".

Es difícil imaginar una vida humana más plena y fructífera que la de Leonardo. Como todos sabemos, fue pintor, dibujante, escultor, ingeniero, arquitecto, geólogo, botánico, músico, cocinero y varias cosas más. Pero hay algo que nunca hizo, que fue involucrarse en política. Pese a haber estado cerca de los poderosos y a vivir en un entorno muy politizado, Leonardo prefirió dedicarse a pintar la *Gioconda* en lugar de invertir tiempo y energía en las complejas conspiraciones políticas de su tiempo. ¿Alguien puede afirmar que eso vuelve su vida menos rica y valiosa que la de muchos ciudadanos movilizados?

Ciertamente, Leonardo tenía una capacidad de hacer un uso creativo de su ocio mucho mayor de la que tenemos las personas corrientes. Pero ese no es el punto. El punto es que el florecimiento humano puede adoptar múltiples formas. Por eso es difícil llegar a acuerdos sobre cuánto tiempo debemos dedicar a nuestra vida pública y cuánto a otras actividades. Muchos ciudadanos menos talentosos que Leonardo prefieren dedicar su tiempo y su energía a jugar con sus hijos, a practicar deportes, a escuchar música barroca o a cultivar su jardín. Y no es para nada seguro que se equivoquen. Un ciudadano privado no es necesariamente menos racional que uno movilizado. Para confirmarlo, alcanza con observar que muchos militantes están gobernados por emociones muy primarias o son simples títeres de las dirigencias. Tampoco hay razones para suponer que los ciudadanos involucrados en la vida pública sean siempre moralmente superiores a los no movilizados. Nada impide que alguien sea un militante político o social y al mismo tiempo un marido golpeador.

El hecho es que los miembros de las sociedades democráticas no estamos de acuerdo acerca de cuánta acción pública queremos incorporar a nuestras vidas. Asignar una prioridad a lo privado no es necesariamente un signo de irresponsabilidad ni de apatía. Este es un punto a favor del sistema representativo tradicional, que permite a cada uno decidir cuánta participación dejará entrar a su agenda sin exponerse a una lógica de premios y castigos.

No sólo no es fácil acordar cuánta acción pública y cuánta acción privada debe haber en nuestras vidas, sino que, ni siquiera tiene sentido plantearlo como una dicotomía permanente. Tal como mostró el recientemente fallecido Albert Hirschman, a lo largo de nuestra vida tendemos a alternar períodos de fuerte compromiso público con otros en los que privilegiamos nuestra vida privada. Esta oscilación no constituye una anomalía a ser corregida sino una respuesta razonable a la diversidad de nuestros intereses y fidelidades. También responde al modo en que se suceden nuestros estados psicológicos de expectativa y decepción (HIRSHMAN 1982).

Afirmar que el involucramiento en la acción pública puede enriquecer una vida humana es sostener una tesis razonable. Pero afirmar que una vida desprovista de todo componente participativo es una vida carente de valor es difícilmente sostenible. No es fácil, en consecuencia, servirse del argumento del florecimiento humano para imponer un mismo patrón de compromiso y movilización a todos los miembros de una sociedad diversa y plural. Sobre la participación puede decirse lo mismo que (equivocadamente) dijo Oscar Wilde a propósito del socialismo: que requiere demasiadas noches por semana. Muchas personas pueden encontrar su propia plenitud dedicando su tiempo y su energía a otras actividades.

(b) ¿La participación mejora el funcionamiento de las instituciones?

El argumento desarrollado por Tocqueville a favor de la participación local como condición para el buen funcionamiento de las instituciones encierra una verdad fácilmente aceptable, pero también vulnerable a la crítica. El problema no es que el argumento sea falso, sino que es incompleto. Así como la participación en ámbitos de decisión colectiva puede ponernos en contacto con valores y virtudes cívicas, también puede enseñarnos vicios nefastos o sumergirnos en una cultura autoritaria.

Es posible que, dadas ciertas condiciones, la deliberación y la decisión en condiciones de asamblea conduzcan a resultados muy deseables, pero también es posible que, dadas otras condiciones, tengan efectos contraproducentes. Este punto fue tempranamente reconocido por ese gran defensor del debate público que fue John Stuart Mill:

> I acknowledge that the tendency of all opinions to become sectarian is not cured by the freest discussion, but is often heightened and exacerbated thereby" (MILL 1859: 224).

Tal como señala Stephen Holmes al comentar este pasaje, esto puede ocurrir con especial facilidad cuando se trata del debate cara a cara:

> Public discussion of political questions can undermine both individual and collective rationality. Open debate may lead to a hardening of battle fronts, far beyond what would result from a silent assessment of conflicting interests. Because of the plentiful opportunities it offers for cornering, insulting, embarrassing, losing face, and tripping over one's own feet, uninhibited discussion can cause disputants irrationally to dig in their heels. Controversies also have a dynamic of their own. Controversialists may come to appreciate the sweet benefits of facing down bitter opponents. After all, enemies help clarify life. Once a friend-enemy pattern has been established, however, an individual's willingness to acknowledge the valid insights offered by his antagonist markedly shrinks" (HOLMES 1995: 200-201).

Todos los que tenemos alguna experiencia de participación en movimientos sociales o en organizaciones políticas sabemos que esas formas de acción colectiva pueden dar lugar a ejercicios muy sofisticados de dominación, engaño, manipulación e hipocresía. No se trata de un resultado ineludible, pero sí de un resultado probable. El funcionamiento de las asambleas reales (ya sea en el ámbito sindical, político, estudiantil o cooperativo) puede alejarse mucho de cualquier imagen idealizada y, por lo tanto, convertirse en una escuela de prácticas intolerantes y antidemocráticas.

Entre las cosas que pueden aprenderse en el mundo de las asambleas está el arte de demorar artificialmente las discusiones hasta que sólo queden los activistas profesionales (una forma de monopolizar el poder por parte de las oligarquías militantes). O el arte de retacear información. O el arte de intimidar a los disidentes. Esos ámbitos pueden ponernos en contacto con la manipulación y la prepotencia hasta el punto de dejarnos encerrados en un ambiente endogámico al que apenas llegan ecos de los que opinan diferente. Como dice Charles Taylor (un autor sobre el que no cabe la menor sospecha de conservadurismo), la participación puede convertirse en "una farsa o en un instrumento de manipulación al servicio de las minorías activas" (TAYLOR 1992: 91).

Estas observaciones no constituyen un argumento descalificatorio de toda experiencia participativa, pero nos recuerdan que, en este ámbito al igual que en muchos otros, se pueden cultivar tanto vicios como virtudes y se pueden generar externalidades tanto positivas como negativas. No es verdad que los espacios de participación siempre generen buenos ciudadanos, ni es verdad que todos los buenos ciudadanos provengan de esos espacios y experiencias. La actividad productiva, comercial o intelectual pueden generar efectos igualmente valiosos (o perniciosos) sobre el stock de virtudes y competencias cívicas disponibles en una sociedad[35].

Si alguien quiere defender la participación como componente esencial del buen gobierno, no puede pues limitarse a afirmar que la participación es siempre una escuela de democracia, ni mucho menos que sea la única. La vida real es bastante más compleja que eso. Y seguramente ya lo era en las sencillas comunidades locales que visitó Tocqueville en la Nueva Inglaterra del siglo XIX, aunque él no parece haber tenido oportunidad de percibirlo[36].

---

35. Sobre este punto ver CHRISTIANO 1996: 33ss.

36. Las críticas al débil fundamento empírico de las afirmaciones de Tocqueville constituyen todo un género, probablemente inaugurado con el comentario de Stuart Mill a *La Democracia en América*. Un ejemplo reciente es un artículo de Garry Wills en *The New York Review of Books*: "A fact usually omitted in discussions of Tocqueville is the shallow empirical basis of his study. Though he and Beaumont spent nine and a half months in America (May 5, 1830, to February 20, 1832), much of that time was consumed by their inspection of prisons. (…) When they were not conscientiously pursuing their prison work, the pair made trips only remotely connected, or not connected at all, with what went into *Democracy* — like their week and a half in Canada —, where they hope to find a free French rebellion against Britain, or the whole month spent on the Great Lakes and in the Michigan-Winsconsin territory, a trip that served Beaumont's book on Indians but contributed nothing to *Democracy*`s theme (…). In his erratic traversing of the country, what Tocqueville did not see is often more interesting than what he did. Though he gives unstinted praise to New England town meetings, he never attended one. Nor did he ever see an American university. (…) Tocqueville got his exaggerated notion that the entire system of American government had grown from town meetings in an early conversation with the Boston-booster Jared Sparks. His exaggerated estimate of the political importance of jury service he derived in September from two Boston lawyers" (WILLS 2004: 52-53).

(c) ¿La participación es una condición para el ejercicio de la libertad?

La idea de que la participación es necesaria para asegurar un pleno ejercicio de la libertad también es objeto de múltiples debates, y por lo tanto está lejos de ser objeto de un amplio consenso que pueda sostener un rediseño institucional. Esto se debe al menos a dos razones.

En primer lugar, la distinción entre libertad como no interferencia y libertad como ausencia de dominación resulta mucho menos clara de lo que autores como Pettit y Viroli parecen pensar. Su idea es que la libertad como no interferencia sólo asegura una protección frágil y provisional de nuestra autonomía de decisión, cuando lo que realmente necesitamos son garantías que vayan más allá de cualquier coyuntura. En palabras de Pettit:

> ...there is a big difference between just happening to avoid (an) arbitrary interference —say, because the powers that be quite like you— and being more or less invulnerable to it" (PETTIT 1997: vii).

El problema es que nunca nadie medianamente sensato se conformó con una ausencia circunstancial de interferencias arbitrarias. En particular no lo hicieron los padres del gobierno representativo, que siempre buscaron un orden institucional que redujera al mínimo ese riesgo. Por eso pusieron tanto énfasis en el gobierno limitado, la división de poderes y el control constitucional. También fue por eso que justificaron el mercado como ámbito despolitizado donde satisfacer las necesidades materiales sin condicionamientos políticos.

En segundo lugar, desde los griegos sabemos que una condición para el ejercicio de la libertad en el marco de la coexistencia social es el estricto respeto de la igualdad política. Y muchos planteos favorables a la extensión de los mecanismos de participación enfrentan serios desafíos en este terreno. Los procesos políticos de tipo representativo ponen un bajo precio de entrada para existir políticamente. Alcanza con votar cada cierto tiempo para ser tenido en cuenta en los cálculos de los actores políticos. Llegado el momento de las elecciones, cada voto cuenta. En cambio, los procesos políticos de tipo participativo elevan el precio de entrada: si uno no está dispuesto a trasladarse, invertir tiempo y participar, deja de existir políticamente. En el régimen representativo, alcanza con ser votante para existir políticamente (un ciudadano, un voto). En el régimen participativo hace falta movilizarse (un ciudadano movilizado, un voto; un ciudadano no movilizado, cero voto).

En un esquema de gobierno de tipo participativo, la posibilidad de influir y de ser reconocido queda condicionada a la voluntad de participar en las instancias de deliberación y decisión. Por esta vía puede llegarse a instalar un nuevo sistema de voto calificado, donde la condición de acceso ya no esté ligada a la nobleza de sangre ni a la riqueza, sino a la disposición (y a la capacidad de) involucrarse en la acción pública. Esto conduciría a la exclusión política de buena parte de los ciudadanos, con consecuencias potencialmente negativas no sólo en términos de bienestar, sino también de respeto a sus libertades y derechos. Llegado el caso extremo, un énfasis demasiado grande en la participación podría conducir a la exclusión política más o menos permanente de quienes no tienen la disposición, el tiempo, la energía, las condiciones culturales o los recursos psicológicos requeridos para involucrarse en la acción pública.

Uno de los puntos fuertes de la democracia representativa tradicional es que la disposición a participar activamente no es una condición para tener derechos ni para beneficiarse de los resultados positivos de las políticas públicas. Participar en la vida política puede ser importante, pero más importante es que aquellos que no quieran participar sigan existiendo políticamente.

IV. Conclusión

La palabra "participación" ha escalado muchos puestos en el vocabulario político de los latinoamericanos. Las políticas y diseños institucionales orientados a estimularla han adquirido un peso desconocido hasta ahora. Pero, por debajo de esta marcha aparentemente triunfal, hay una endeblez conceptual preocupante. El punto es reconocido incluso por cientistas sociales que son personalmente afectos a la causa participativa:

> En cuestiones de políticas públicas, y en especial en el campo discursivo de las políticas sociales y educativas, de un tiempo a esta parte todo tiene que ser 'participativo'. La participación es como una especie de ingrediente que tiene que estar en toda política y en toda institución que pretenda ser 'moderna', 'progresista', 'democrática' o actualizada.

Decir que la escuela (o el hospital, el partido político, la iglesia, la asociación de vecinos, el sindicato, etc.) tiene que ser participativa es como una declaración de fe. Ahora todos somos participativos y queremos la participación. Pero es preciso sospechar de las unanimidades y los consensos fáciles. Se trata de esas creencias que se vuelven tan comunes que escapan a la reflexión. En estos casos, el lenguaje se convierte en una especie de mecanismo automático y no se sabe si el que habla sabe lo que dice o es hablado por el lenguaje, como diría Lacan" (TENTI 2011: 120).

La literatura latinoamericana reciente en el campo de las ciencias sociales y las políticas públicas pone mucho acento en cómo organizar la participación y como hacerla efectiva. Deberíamos prestar más atención a algunas preguntas previas, en particular por qué buscarla y si es realista esperar que genere cierta clase de beneficios.

Bibliografía

Ackerman, B. & Fishkin, J. 2005: *Deliberation Day*. New Haven, Yale University Press.

Arendt, H. 1958: *The Human Condition*. Chicago, The University of Chicago Press.

Aristóteles, 1993: Ética a Nicómaco. Traducción de Julio Pallí Bonet. Madrid, Gredos.

Aristóteles, 2004: *La política*. Traducción de Julián Marías y María Araujo. Madrid, Centro de Estudios Constitucionales.

Berlin, I. 1958: "Two Concepts of Liberty". En *Four Essays on Liberty*. Oxford, Oxford University Press.

Christiano, T. 1996: *The Rule of the Many. Fundamental Issues in Democratic Theory*. Boulder, Col., Westview Press.

Constant, B. 1819: "De la liberté des Anciens comparée à celle des Modernes". En B. Constant: *De l'esprit de conquête et de l'usurpation*. París, Flammarion, 1986, 265-91.

Dahl, R. 1989: *Democracy and its Critics*. New Haven, Yale University Press.

Escobar, A. 2004: "Participación Ciudadana y Políticas Públicas. Una problematización acerca de la relación Estado y Sociedad Civil en América Latina en la última década." *Revista Austral de Ciencias Sociales* (Valdivia, Chile) 8: 97-108.

Fishkin, J. 1991: *Democracy and Deliberation*. New Haven, Yale University Press.

Gargarella, R. 1998: "Full Representation, Deliberation, and Impoartiality". En Jon Elster (ed.): *Deliberative Democracy*. Cambridge, Cambridge University Press, pp. 260-80.

Garver, E. 2011: *Aristotle's Politics: living well and living together*. Chicago, The University of Chicago Press.

Gibson, R., Rommele, A. & Ward, S. (eds.) 2004: *Electronic Democracy: Mobilisation, (Mobilization) Organization and Participation Via New ICTs*. Routledge/Ecpr Studies in European Political Science, No. 33. London, Routledge.

Goldfrank, B. 2006: "Los procesos de presupuesto participativo en América Latina: éxito, fracaso y cambio". Revista de Ciencia Política (Santiago, Chile) 26/2: 3-28.

Habermas, J. 1981: *Theorie des kommunikativen Handelns*. Frankfurt, Suhrkamp.

Habermas, J. 1992: *Faktizität und Geltung*. Frankfurt, Suhrkamp.

Hamilton, A Jay, J., Madison, J. 1788: *The Federalist Papers*. Nueva York, Penguin, 2012.

Hevia de la Jara, F. 2006: "Participación ciudadana institucionalizada: análisis de los marcos legales de la participación en América Latina". En E. Dagnino, A. Olvera y A. Panfichi (eds.): *La disputa por la construcción democrática en América Latina*. México, Fondo de Cultura Económica.

Hirschman, A. 1982: *Shifting Involvements. Private Interest and Public Action*. Princeton, Princeton University Press.

Holmes, S. 1995: *Passions & Constraint. On the Theory of Liberal Democracy*. Chicago, The University of Chicago Press.

Honneth, A. 1994: *Kampf um Anerkennung. Zur moralischen Grammatik sozialer Konflikte*, Frankfurt, Suhrkamp.

Irarrazabal, I. 2005: *Participación ciudadana en programas de reducción de la pobreza en América Latina*. Santiago de Chile, BID, Red Regional de la Pobreza y la Protección Social.

Kersting, N. & Baldersheim, H. (eds.) 2004: *Electronic Voting and Democracy: A Comparative Analysis*. New York, Palgrave Macmillan.

Laclau, E. 2007: *On Populist Reason*. London, Verso.

Manin, B. 1997: *The Principles of Representative Government*. Cambridge, Cambridge University Press.

Mansbridge, J. 1995: "Does Participation Make Better Citizens". *The Good Society* 5/2, 1-7.

Mill, J. S. 1859: *On Liberty and Other Essays*. Oxford, Oxford University Press, 2008.

Mouffe, C. 2000: *The Democratic Paradox*. London, Verso.

Pettit, P. 1997: *Republicanism. A Theory of Freedom and Government*. Oxford, Oxford University Press.

Pettit, P. 2012: *On the People's Terms. A Republican Theory and Model of Democracy*. Cambridge, Cambridge University Press.

Przeworski et al. 1999: *Democracy, Accountability, and Representation*. Cambridge, Cambridge University Press.

Rial, J. 2000: *Instituciones de democracia directa en América Latina*. Washington, National Democratic Institute.

Rousseau, J.J. 1762: *Le Contrat Social*. En *Oeuvres Politiques*, París, Bordas/Garnier, 1989.

Sandel, M. 1996: *Democracy's Discontent*. Cambridge, Mass., Harvard University Press.

Skinner, Q. 1992: "On Justice, the Common Good and the Priority of Liberty". En Chantal Mouffe (ed.): *Dimensions of Radical Democracy*, London & New York, Verso, pp. 211-24.

Skinner, Q. & van Gelderen, M. 2002: *Republicanism: A Shared European Heritage. Volume II: The Values of Republicanism in Early Modern Europe*. Cambridge, Cambrisge University Press.

Taylor, C. 1989: *Sources of the Self.* Cambridge, Cambridge University Press.

Taylor, C. 1992: "Des avenirs possibles: la légitimité, l'identité et l'aliénation au Canada à la fin du XXe siécle". En C. Taylor: *Rapprocher les solitudes. Le fédéralisme et le nationalisme au Canada.* Sainte-Foy, Les Presses de lÚniversité Laval.

Tenti, E. 2011: "Dimensiones y condiciones de la participación: algunas notas para la Reflexión", en Páginas de Educación, (Montevideo) 4/4, 119-38.

Wills, G. 2004: "Did Tocqueville 'Get' America?". *The New York Review of Books* LI, 7, 52-56.

Zovatto, D. 2007: "Las instituciones de la democracia directa a nivel nacional en América Latina: Un balance comparativo: 1978-2007". *Revista de Derecho Electoral* Nª4, 87-124, Universidad de La Rioja (Argentina).

FERNANDO A. IGLESIAS. Licenciado por la Facultad de Ciencias Sociales, de la Universidad Nacional de Lomas de Zamora (Argentina); Diplomado en Periodismo (TEA); Profesor de Teoría de la Globalización y Bloques Regionales (Universidad de Ciencias Empresariales y Sociales); Profesor de Gobernabilidad Internacional, Universidad de Belgrano; Director Académico de la Cátedra Altiero Spinelli, del Consorcio Universitario Italiano para la Argentina (CUIA); Ex Profesor en la Universidad de Lomas de Zamora y en el Instituto Hannah Arendt.

Vicepresidente de la Asociación Civil Democracia Global- Movimiento por la Unión Sudamericana y el Parlamento Mundial; Representante para la Argentina de World Citizen Foundation; Miembro del Consejo Honorario de IDEAR; Miembro del Instituto de Sociología Política de la Academia Nacional de Ciencias Morales y Políticas; Columnista de numerosos medios en América Latina y Europa, incluyendo Noticias y La Nación, de Buenos Aires; y Diputado Nacional al Congreso de Argentina (2007-2011).

Iglesias ha publicado los siguientes libros: *La Cuestión Malvinas: Crítica del Nacionalismo Argentino* (Aguilar,2012); *La Modernidad Global: Una Revolución Copernicana en los asuntos humanos* (Ed. Sudamericana, 2011); *¿Qué significa ser progresista en la Argentina del Siglo XXI?* (Ed. Sudamericana, 2009); *Kirchner y yo. Por qué no soy kirchnerista* (Ed. Sudamericana, 2007); *Globalizar la Democracia- Por un Parlamento Mundial* (Ed. Manantial, 2006); *¿Qué significa hoy ser de Izquierda?* (Ed. Sudamericana, 2004); *Twin Towers: el colapso de los estados nacionales* (Edics. Bellatera, Barcelona, 2002); *República de la Tierra-Globalización: el fin de las Modernidades Nacionales* (Ed. Colihue, 2000)

QUÉ SIGNIFICA SER DE IZQUIERDA EN LA SOCIEDAD GLOBAL DEL CONOCIMIENTO

Fernando A. Iglesias

Abstract: Durante largo tiempo se ha considerado que ser "de izquierda" era estar a favor del progreso contra la reacción, de la Modernidad contra el feudalismo, de la República contra la monarquía, de la razón contra la fuerza, de la Democracia contra el autoritarismo, del universalismo contra los particularismos, del cosmopolitismo contra el provincialismo, del individualismo moderno contra el colectivismo absolutista, de la Igualdad contra los privilegios, de la paz contra la guerra, del internacionalismo contra el nacionalismo, de los Derechos Humanos contra las prerrogativas de sangre y de suelo, de la Libertad contra las agresiones del estado. Sin embargo, todas y cada uno de estos clivajes han sido invertidos y violados por organizaciones que se definían como "de izquierda" desde el inicio mismo de la modernidad política, y especialmente: durante el entero siglo XX.

Aún cuando muchos parecen creer en Latinoamérica que el así llamado "Consenso de Washington" se cerró en 2001 junto con el final de la década del Noventa y la debacle argentina, este fenómeno sólo fue posible en países que, ya sea por su extraordinaria relación recursos naturales/población, por su abundancia de mano de obra barata dispuesta a trabajar en condiciones de semiesclavitud para escapar de "la miseria e idiotez de la vida rural"37, o por una combinación de ambos factores, han podido crecer sostenidamente a ritmos superiores al 5% anual, y se acabará junto con esa ventana de oportunidades.

La Izquierda no podrá recuperar su lugar ni su sentido en la Historia de Latinoamérica y del mundo si no elabora el duelo por la pasada centralidad de los estados nacionales y la clase obrera, y construye en el lugar de sus pasadas glorias los instrumentos simbólicos y organizativos para defender sus principios de Libertad, Igualdad y Fraternidad en el pasaje del industrialismo nacionalista a la sociedad global del conocimiento y la información.

Es en este contexto que debe inscribirse la idea de un nuevo contrato social. En primer lugar, su escala no puede ya ser meramente nacional sino al precio de consagrar y legitimar la desigualdades internacionales consolidadas por siglos de dominación de las grandes potencias. En una era global un nuevo contrato social sólo puede ser, a su vez, global; y superar la anquilosada noción de los derechos de la tierra y de la sangre que hoy sancionan, por las circunstancias de nacimiento, las ciudadanías nacionales.

La izquierda, partido de la Modernidad, de la Igualdad y de los Derechos Humanos, no puede definirse sin reclamar simultáneamente y con igual énfasis estas tres fuentes legitimantes, porque la invocación parcial de estos principios o el énfasis monotemático en uno de ellos conducen a la negación de los demás. Ser de izquierda en la sociedad global del conocimiento no implica abandonar los principios de Libertad. Igualdad y Fraternidad sino desarrollar los nuevos instrumentos que requiere su aplicación en un mundo global en cambio acelerado y permanen-

---

37. *Karl Marx-Friedrich Engels dixit, Manifiesto Comunista.*

te. Esta tarea, la que tiene por delante una Izquierda digna de sus mejores tradiciones, es enorme y compleja, pero abre también enormes oportunidades para que se ponga nuevamente al frente de las fuerzas sociales democráticas y progresistas. Sin embargo, para comenzar siquiera a encararla, la Izquierda deberá abandonar las utopías nacionalistas-industrialistas y los espejismos populistas que la convierten en prisionera de su pasado.

La tradición de las generaciones muertas oprime como una pesadilla el cerebro de los seres humanos vivos. Y cuando éstos tratan de revolucionarse a sí mismos es precisamente cuando invocan temerosos la ayuda de los espíritus del pasado y toman prestados sus nombres, sus consignas de guerra y sus vestimentas para con un lenguaje anticuado y artificial, tomado de prestado, representar en un nuevo escenario la historia mundial.

Karl Marx

La denominación "Izquierda" se remonta a los orígenes de la modernidad política, es decir: a esa Asamblea Francesa cuyas aspiraciones universalistas la llevaron a proclamar no ya los Derechos del Ciudadano Francés sino los Derechos del Hombre y el Ciudadano[38]. Como es harto conocido, los diputados favorables a cambios rápidos y profundos de la realidad social e institucional se sentaban a la izquierda de la sala. Tenemos ya aquí, algunas definiciones. Sobre la base de la experiencia inicial de la Revo-

---

38. Para el carácter liberal-universal de la Revolución Francesa y sus tempranas contradicciones con el orden nacional, ver "La Revolución Francesa: El liberalismo pensado desde el Estado-Nación", de Francsico Letamendia, en *Derechos Humanos y Revolución Francesa"*, compilación de Miguel Ángel García Herrera.

lución Francesa podemos caracterizar a la izquierda como el grupo de los partidarios de una aceleración del cambio político y social en el sentido de la democratización igualitaria de los Derechos Humanos. Llevando a su máxima acepción estos términos, y sin ánimo de monopolizar las políticas democráticas, podemos definir a la izquierda como el partido de la Modernidad, la Igualdad y los Derechos Humanos.

La posterior forma violenta de la acción política en la misma Revolución Francesa, verticalista y concentrada en pocas manos, desprovista de mecanismos representativos, entregada a jefes mesiánicos, clausuradora de la libre discusión política, antiliberal, antidemocrática, antiigualitaria y prototalitaria, no consistió en la agudización de los principios proclamados inicialmente por la izquierda (con la que el Terror compartía la idea moderna de la aceleración del cambio pero no la dirección de éste ni mucho menos sus métodos políticos, que eran los característicos del absolutismo monárquico), sino su primer claudicación histórica[39]. Las consecuencias de este inicial abandono de los principios fundantes por parte de organizaciones e individuos que seguían reivindicándose 'de izquierda' fueron devastadoras para la misma Revolución, consecutivamente transformada luego en justificación del militarismo expansionista francés bajo la antidemocrática dirección de Napoleón I.

El paso previo al Terror francés fue la "nacionalización de la Revolución" propuesta por el jacobinismo naciona-

---

39. Para un análisis de este proceso, ver "Terror, terrorismo y Revolución Francesa", de Nicolás Xamardo y Antton Azkagorta, en *Derechos Humanos y Revolución Francesa*, compilación de Miguel Ángel García Herrera.

lista y personalista, es decir: por Robespierre. Nacionalismo contrario al universalismo de la Declaración de los Derechos del Hombre y el Ciudadano y emblemáticamente reflejado, por ejemplo, en el discurso de Robespierre que prepara la expulsión del Club de los Jacobinos y el posterior guillotinamiento de Jean Baptiste Cloots, diputado de la Convención, "barón en Alemania, pero ciudadano en Francia, y orador del género humano" (como él mismo se declaraba), nacido en Clèves (Alemania) de familia belgo-holandesa y autor de un libro significativamente titulado "La República universal".

"¿Acaso podemos considerar patriota a un barón alemán?" exclama Robespierre en la Convención frente al acusado. Y prosigue: "¡Ciudadanos! Pongámonos en guardia de los extranjeros que quieren parecer más patriotas que los franceses... ¿Cómo se podría interesar el señor Cloots por la unidad de la República, por los intereses de Francia? Desdeñando el título de ciudadano francés solo quería el de ciudadano del mundo... París es un hormiguero de intrigantes, de ingleses, de austríacos... Cloots es prusiano... Les he relatado la historia de su vida política. ¡Pronunciad la sentencia!". Y la sentencia del cosmopolita ciudadano del mundo y partidario de una República Universal Jean Baptiste Cloots fue la condena a la guillotina.

Es de notarse que el Terror y el expansionismo territorial no se originaron en la aplicación de los principios y la extensión del impulso democratizante de 1789, sino más bien en el agotamiento de su capacidad propulsiva, en la transformación de sus consignas universalistas en justificaciones del nacionalismo, en una nueva elitización personalizada del poder político, en las purgas violentas contra los disidentes, en la remilitarización de la sociedad y en el viraje reaccionario desde un intento de democratización interno hacia una guerra internacional[40]; fenómenos casi perfectamente repetidos cien años más tarde por Lenin y Stalin, esos Robespierre y Napoleón del siglo XX.

Durante largo tiempo se ha considerado que ser "de izquierda" era estar a favor del progreso contra la reacción, de la Modernidad contra el feudalismo, de la República contra la monarquía, de la razón contra la fuerza, de la Democracia contra el autoritarismo, del universalismo contra los particularismos, del cosmopolitismo contra el provincialismo, del individualismo moderno contra el colectivismo absolutista, de la Igualdad contra los privilegios, de la paz contra la guerra, del internacionalismo contra el nacionalismo, de los Derechos Humanos contra las prerrogativas de sangre y de suelo, de la Libertad contra las agresiones del estado. Sin embargo, todas y cada uno de estos clivajes han sido invertidos y violados por organizaciones que se definían como "de izquierda" desde el inicio mismo de la modernidad política, y especialmente: durante el entero siglo XX. Lamentablemente para la izquierda y para el mundo, se ha llegado al extremo de considerar condición suficiente de la pertenencia a la izquierda al hecho de adherir al revolucionarismo, al anticapitalismo y al extremis-

---

40. Para el viraje de 'revolución' a 'guerra', ver Karl Marx, *La sagrada familia*.

mo antimodernos, cuyo contenido, más bien, pertenece a la tradición heroico-nihilista del fascismo[41].

La presente crisis mundial, en la que unos capitalistas globales consecuentemente universalistas han reducido a la impotencia a unos "democrátas" que confían aún en la escala nacional de la organización política, es la más elemental demostración de las claudicaciones particularistas que todavía arrastra la izquierda del nuevo milenio.

La izquierda, partido de la Modernidad, de la Igualdad y de los Derechos Humanos, no puede definirse sin reclamar simultáneamente y con igual énfasis estas tres fuentes legitimantes, porque la invocación parcial de estos principios o el énfasis monotemático en uno de ellos conducen a la negación de los demás.

• La idea de Modernidad, necesaria para fundar la humanidad como comunidad racional, conduce por sí sola a la exaltación positivista y cientificista de la Razón y del Progreso, al reinado instrumental de las lógicas del avance tecnológico y el desarrollo económico, y al auge de las teorías neoliberistas del pensamiento único y el fundamentalismo de mercado. Este proceso configura una 'Modernidad de la Técnica'[42] que domina y somete a la Modernidad de la Ilustración y la Liberación, y es el principal origen del retroceso social, los desastres ecológicos y de las amenazas a la paz global. En su acepción extrema, la aceptación de

41. Para una crítica de estas posiciones, ver Juan José Sebreli, *El asedio a la Modernidad* y *El vacilar de las cosas* y *Montoneros, la soberbia armada*, de Pablo Giussani.

42. La expresión pertenece a Immanuel Wallerstein.

una modernidad técnica despojada de la idea liberal de "Derechos Humanos", basada fuertemente en jerarquías sociales y combinada con el anticapitalismo y el antiparlamentarismo ha sido siempre distintiva de los totalitarismos[43]. El nazismo alemán, con su entusiasmo tecnocrático y su pasión por la aplicación destructiva de los últimos adelantos técnicos es el ejemplo arquetípico. El terrorismo global de Bin Laden al-Qaeda, aliado al régimen totalitario de los talibanes, con su mezcla de ideología político-social premoderna y redes globales de comunicación, son su encarnación arquetípica en el siglo XXI.

• La idea de Igualdad (necesaria para fundar la humanidad como comunidad discursiva), si invocada independientemente de los valores de Modernidad y Derechos Humanos, tiende a generar sociedades colectivistas como la china, la rusa y la cubana, negación radical del individualismo humanista y condena inevitable al atraso económico-tecnológico. Acaso por su carácter eminentemente campesino, ha sido China la principal representante del igualitarismo entendido como uniformidad: el autoritarismo antidemocrático del maoísmo no podía sino desembocar en esa barbarie que tomó el nombre de Revolución Cultural. Hoy, los "Campos de Reeducación a través del Trabajo" chinos y los miles de víctimas anuales de la pena de muerte, frecuentemente aplicada a autores de delitos menores después de procesos sumarios desprovistos

---

43. Para un desarrollo completo de esta idea referida al nazismo, ver Jeffrey Herf, *El modernismo reaccionario..*

de las menores garantías de imparcialidad, muestran con claridad la insuficiencia de la idea de igualdad para fundar por sí sola una sociedad civil y humanista.

- La idea de Derechos Humanos —necesaria para fundar la humanidad como comunidad moral y base de la entera modernidad sociopolítica— es por sí sola insuficiente para establecer una sociedad verdaderamente civil y progresista, porque el principio liberal de preservación del individuo de las arbitrariedades y abusos del estado no puede prescindir del principio democrático de Igualdad sin reducirse a defensa del privilegio de una minoría, ya sea ésta determinada socialmente (como en el capitalismo salvaje) o geográficamente (como en los nacionalismos —y continentalismos—).

Ninguna combinación de principios que no incluya manifiestamente a la Modernidad, la Igualdad y los Derechos Humanos puede ser considerada de izquierda.

- La asociación de Igualdad y Modernidad, en ausencia de la idea de Derechos Humanos, fue la base fundacional del estado totalitario soviético.

- La conjunción de Modernidad y Derechos Humanos, desprovista de la idea de Igualdad, lleva directamente al mundo del neoliberismo, regido por un capitalismo desprovisto de regulaciones sociales y por las discriminaciones nacionales de los Derechos Humanos.

- Por último, tampoco la simple suma algebraica de Igualdad y Derechos Humanos puede ignorar la idea de Modernidad, entendida como modernización social y económica, sin la cual desaparece la misma base material que permite la actuación social de ambos principios. El antimodernismo, en sus variantes antiparlamentarista y anti-capitalista, ha sido siempre un presupuesto central del totalitarismo.

Desde sus orígenes fundantes en la Asamblea Francesa y durante casi dos siglos, la Izquierda se propuso ante la sociedad como el agente político del cambio y la innovación. Durante ese largo período, sus dos vehículos de acción principales fueron las organizaciones —partidos políticos y sindicatos, principalmente- de alcance nacional y los trabajadores industriales— la clase obrera. Equipada con estos instrumentos y alimentada con recursos humanos y materiales provenientes de estas fuentes nacionales e industriales, no resulta extraño que el pasaje desde una era basada en el trabajo físico-repetitivo y la organización a escala nacional de la economía, la política y la cultura la hayan convertido en agente del status quo no bien una sociedad basada en la organización global del conocimiento y la información emergió a fines del siglo XX. Si "revolución" (obrera o democrática) había sido su palabra estructurante durante doscientos años, "defensa" se convirtió en su mantra desde 1989 en adelante. Un mantra conservador, sin duda alguna.

La pérdida de su monopolio del progreso y el futuro por la aparición de una Derecha modernizante (el neoliberalismo) y de innumerables grupos y fracciones de Iz-

quierda contrarios al avance de la tecnología, la modernización de la producción y la globalización de los procesos
sociales configuró una década de retroceso general de las
agencias de poder de la Izquierda en el mundo. Los sindicatos perdieron gran parte de su influencia sin ser reem-
plazados por ninguna organización de fuerza equivalen-
te. Los partidos políticos perdieron millones de afiliados
y buena parte de su capacidad de orientar las discusiones
y las políticas públicas a manos de una compleja red li-
derada por los mass-media, las ONGs y las celebridades
artísticas y deportivas. Las tecnocracias reemplazaron a
sus intelectuales orgánicos. Los espacios parlamentarios
de debate -y con ellos el poder que en esos ámbitos ejercía
la Izquierda- se licuaron en beneficio de ejecutivos deci-
sionistas controlados por verdaderos CEO de la política.
Los estados nacionales debieron compartir el monopolio
del poder con las agencias internacionales, las corporacio-
nes multinacionales y los mercados globales. Pocos, ya sea
desde la Izquierda socialdemócrata o la radical, pudieron
llegar ya al poder nacional. Y quienes lo lograron se vieron obligados a archivar las recetas sociales redistribucionistas y los programas económicos keynesianos en el des-
ván de los trastos en desuso.

Aún cuando muchos parecen creer en Latinoamérica
que este período -el del así llamado "Consenso de Washington"- se cerró en 2001 junto con el final de la década del
Noventa y la debacle argentina (como la proliferación de
gobiernos de tendencias progresistas en la región parece
demostrar), la tesis central de esta ponencia es que este
fenómeno sólo fue posible en países que, ya sea por su
extraordinaria relación recursos naturales/población, por

su abundancia de mano de obra barata dispuesta a trabajar en condiciones de semiesclavitud para escapar de "la miseria e idiotez de la vida rural"[44], o por una combinación de ambos factores, han podido crecer sostenidamente a ritmos superiores al 5% anual, y se acabará junto con esa ventana de oportunidades.

De este núcleo central de esta ponencia se derivan las siguientes tesis:

1) En todos los demás países, en los cuales el progreso social derivado del desarrollo de la fase industrial está agotado (básicamente: Japón y los de Europa y Norteamérica), continúan reinando las condiciones neoliberales determinadas por la globalización de la tecnología y la economía sin globalización de las instituciones políticas democráticas, y fijadas formalmente por el así llamado "Consenso de Washington".

2) A medida que los commodities desciendan de sus picos máximos, la población rural se agote y el impacto ambiental de la incorporación de billones de seres humanos al consumo industrial se haga evidente, los cuellos de botella tecnoeconómicos y las medidas defensivas tomadas por los países avanzados (un acuerdo de libre comercio interno y proteccionismo hacia afuera en la Tríada Japón-EUU-UE, por ejemplo) harán que la fase de auge redistribucionista de los

---

44. Karl Marx-Friedrich Engels dixit, Manifiesto Comunista.

BRIC y -con mayor razón- de los países sudamericanos se extinga. Y este proceso ya ha comenzado.

3) El nuevo contexto emergente del fin de la bonanza hallará a los países de la región con un desarrollo desigual e insuficiente de sus capacidades para desempeñarse en el la sociedad global del conocimiento y la información, único paradigma de desarrollo sustentable a partir del inicio del siglo XXI.

4) Con la fase de bonanza se extinguirá también el apogeo de los gobiernos redistribucionistas, ya sean de tendencias nacionalista-populista o progresista-socialdemócrata, y por vía de las crisis o de simple evolución se abrirá un nuevo período de alternancia -si no de predominio- en la región de fuerzas eficientistas de derecha.

Si este conjunto de hipótesis es acertado, se impone repensar qué significa ser de izquierda en la sociedad global del conocimiento y la información. Y bien, una tarea semejante debería comenzar por focalizarse en los dos grandes cambios epocales cuya ignorancia ha llevado a la Izquierda —exagente referencial del cambio político— a una derrota planetaria de la que aún no se ha recuperado. Me refiero, en primer lugar, al pasaje desde una sociedad basada en la producción de riqueza y significado social mediante el trabajo físico repetitivo a otra basada en el trabajo mental creativo generador de conocimientos, informaciones, diversidades, comunicaciones, innovaciones y subjetividades. Y en segundo lugar, aludo al cambio desde un universo ptolemaico en el que el mundo era la mera suma de sus componentes nacionales a otro copernicano, en el que los fenómenos globales (la crisis financiera, la proliferación nuclear, el terrorismo fundamentalista, las epidemias globales, las desigualdades sociales crecientes, el cambio climático) se han adueñado del centro de la escena, haciendo que las naciones giren obedientemente alrededor del mundo.

La Izquierda no podrá recuperar su lugar ni su sentido en la Historia de Latinoamérica y del mundo si no elabora el duelo por la pasada centralidad de los estados nacionales y la clase obrera, y construye en el lugar de sus pasadas glorias los instrumentos simbólicos y organizativos para defender sus principios de Libertad, Igualdad y Fraternidad en el pasaje del industrialismo nacionalista a la sociedad global del conocimiento y la información.

Paradójicamente, dispone para ello en el futuro de tres estrategias derivadas de su pasado. Uno, volver a sus fuentes universalistas y abandonar las variantes particularistas en que extravió su camino: el nacionalismo y el clasismo, fundamentalmente; pero también el indigenismo, el feminismo fundamentalista y el racismo alla rovescia. Dos, recuperar su principal legado ideológico: unos derechos proclamados como "humanos" a fines del siglo XVIII por la Revolución Francesa; es decir: unos derechos individuales, universales y, por lo tanto, iguales para todos y no sólo para los ciudadanos franceses o los obreros; y cuya consecuencia lógica es que el proyecto emancipador de la Izquierda no puede concluir hasta que todos los hombres del mundo se hayan convertido en sus ciudadanos. Tres, superar la actual reducción de la política a mera

administración de lo existente por parte de las instituciones existentes, y retomar su dimensión institucionalizante
(en el sentido de "creadora de instituciones") que en la
etapa industrial-nacional fue la mayor contribución de la
Izquierda a la Historia universal y humana.

A menos que se crea que la suba del precio de los recursos naturales se extenderá por siempre, ningún país
sudamericano puede apuntar a la imitación del modelo
industrialista asiático sin reducir sus salarios a trescientos
dólares mensuales. Y ninguno podrá desarrollarse, tampoco, apostando a la estrategia autárquica a escala nacional o continental que en los últimos treinta años sólo ha
producido miseria y autoritarismo, sin un solo ejemplo
de desarrollo exitoso. Por el contrario, para restablecer el
equilibrio perdido entre democracia y capitalismo, política y economía, estado y mercado, no sirve ya el intento
reaccionario de renacionalizar la economía sino el intento
progresista de globalizar la democracia. Como bien vieron
en 1941 los redactores del Manifiesto por una Europa libre
y unida, es esta la verdadera divisoria de aguas entre fuerzas progresistas y reaccionarias, y por lo tanto, es este el
elemento que constituye la estrategia central para una Izquierda regional y mundial capaz de enfrentar los nuevos
problemas con políticas e instrumentos nuevos y no con el
refrito indigesto de sus pasados éxitos.

No habrá destinos nacionales exitosos en un marco mundial en el que se extiendan la crisis financiera, la
proliferación nuclear, el terrorismo fundamentalista, las
epidemias globales, las desigualdades sociales y el reca-
lentamiento climático. En un mundo global, no habrá sal-
vación para las democracias nacionales si no se construye

institucionalidad y ciudadanía republicanas por encima de las naciones-estado. En un mundo global, no hay espacio para los keynesianismos redistribucionistas nacionales, ni tampoco (como la Unión Europea está comenzando a comprender) para los continentales, por más avanzado que sea el contexto tecnológico en el que se intente desarrollarlos.

En un mundo global, no habrá salida de la crisis que apele a los instrumentos tradicionales de la regulación inter-nacional y el estímulo al consumo privado de los más ricos que no lleve a una nueva crisis en el mediano plazo. En un mundo global, para superar -y no sólo "salir de"- la crisis es necesario pasar de la producción de objetos para el uso privado del tercio más rico de la población a la producción de bienes globales para todos; del automóvil que los más ricos cambian cada tres años al tren, el subte y la bicicleta que usan todos; del lavarropas con obsolescencia programada a la computadora portátil en el banco de la escuela de todos los niños del mundo; del misil, el cazabombardero y la fragata pseudo-justificados en razones de seguridad nacional a una paz garantizada por el respeto del derecho internacional y la aplicación de los enormes recursos del complejo militar-industrial al cambio de matriz energética global, factor imprescindible para nuestra supervivencia; del modelo de satisfacción social industrialista basado en la capacidad individual de consumo y la exhibición de objetos, al modelo de satisfacción social de la sociedad del conocimiento, basado en la capacidad individual de producción de conocimientos e informaciones de todo tipo, diversidad cultural, innovación tecnológica, comunicación interpersonal y subjetividad artística de miles de millones de personas.

Las posibilidades de un cambio de esta naturaleza son enormes. Las consecuencias de continuar por el camino que recorremos hoy serán catastróficas. Pero para pasar del desastre a la esperanza se necesitan instituciones tan globales como los fenómenos y procesos que deben regular. Y para que los progresos de la tecnoeconomía se orienten hacia la supervivencia y el bienestar de todos, esas instituciones deben ser permanentes, federales, republicanas y democráticas y no —como el FMI, el G20 o el Consejo de Seguridad de la ONU— reuniones ocasionales del club de los poderosos.

Es en este contexto que debe inscribirse la idea de un nuevo contrato social. En primer lugar, su escala no puede ya ser meramente nacional sino al precio de consagrar y legitimar la desigualdades internacionales consolidadas por siglos de dominación de las grandes potencias. ¿Qué sentido puede conservar, en una era global, el principio de que todos los alemanes son iguales entre sí y que todos los congoleños, por poner dos ejemplos entre muchos, también lo son, entre sí? ¿No es esta idea directamente violatoria de la noción de derechos humanos indivisibles e iguales para todos? En una era global un nuevo contrato social sólo puede ser, a su vez, global; y superar la anquilosada noción de los derechos de la tierra y de la sangre que hoy sancionan, por las circunstancias de nacimiento, las ciudadanías nacionales. Así lo requiere la misma Declaración Universal de Derechos Humanos de la ONU en su artículo segundo, cuando sostiene que "Toda persona tiene todos los derechos y libertades proclamados en esta Declaración, sin distinción alguna de raza, color, sexo, idioma, religión, opinión política o de cualquier otra índole, origen nacional o social, posición económica, nacimiento o cualquier otra condición"[45]. Lo que en palabras pobres significa que toda violación de la igualdad humana en nombre del origen nacional tiene la misma gravedad que la discriminación racial, sexual, ideológica o religiosa.

En segundo lugar, la defensa de estos derechos humanos indivisibles e iguales para todos implica la constitución de instituciones políticas que los resguarden, según la clásica distinción kantiana entre derechos perfectos y derechos imperfectos que hoy traduciríamos vulgarmente como diferencia entre las meras declaraciones y la aplicación de la ética de los derechos humanos a la realidad. Unos verdaderos derechos humanos, en suma, no jibarizados a su mera dimensión nacional, implican una ciudadanía mundial que complemente las ciudadanías nacionales y regionales existentes; y una ciudadanía mundial implica la creación de un parlamento mundial dotado de representatividad democrática plena, acaso inicialmente definida como asamblea parlamentaria en el seno de la ONU[46].

Las crisis globales requieren soluciones globales. Las soluciones globales sólo pueden beneficiar a la mayoría de los seres humanos si son democráticas. He aquí dos sencillas verdades que sólo pueden negarse denegando la evidencia de estos últimos años, la lógica o la democracia. ¿Y qué otra fuerza mejor que la Izquierda para llevar adelante este proyecto de institucionalización de la democra-

---

45. Declaración Universal de Derechos Humanos de las Naciones Unidas, artículo 2, parágrafo 1.
46. Ver http://es.unpacampaign.org/index.php

cia en todos sus niveles: nacional, regional, internacional y mundial? Nuevas agencias globales especializadas en el desarme, el crecimiento estable, equitativo y sostenible y la protección del medio ambiente; implementación de formas de gobernanza democrática global en todos los temas que los estados nacionales y las cumbres internacionales han demostrado ser incapaces de resolver; una estructura política mundial más amplia y mejor coordinada, que incluya y articule las instituciones nacionales con instancias regionales democráticas en todos los continentes, con la reforma de la Corte Internacional de Justicia, con una Corte Penal Internacional más justa y equitativa, y con una Asamblea Parlamentaria en las Naciones Unidas, embrión de un futuro Parlamento Mundial. Una ciudadanía universal, una democracia global y una ONU democratizada que actúe en nombre de "Nosotros, los pueblos", como proclama su Carta, y no en interés de "Nosotras, las naciones".

Si alguien sostuviera que una nación moderna puede funcionar sin la existencia de un poder político democrático unificado, en medio de una competitividad económica belicosa entre sus provincias, basándose en el avasallamiento del Ejecutivo sobre el Parlamento, sin leyes comunes ni un sistema de justicia igual para todos, sin moneda única ni coordinación de políticas financieras y fiscales, convalidando discriminaciones territoriales a los derechos de sus ciudadanos y limitando su acceso al libre tránsito y residencia en todo su territorio, sería acusado de medieval y oscurantista. Es éste exactamente el modo en que funciona (aún mejor: el modo en que no funciona) el mundo. Lejos de desaparecer, en este escenario global predemocrático las polaridades entre Derecha e Izquierda y entre progresismo y conservadurismo se hacen crecientemente válidas.

Tanto el ala clasista como la nacionalista de la penosa Izquierda particularista del siglo XX han perdido vigencia en todo el mundo, y no hay razones para lamentarlo. Sin embargo, los valores cosmopolitas y globalmente democrático-republicanos carecen aún de organizaciones, instituciones y líderes que los encarnen. En el universo espacialmente empequeñecido y temporalmente acelerado de la globalización, principios como la neutralidad, la tolerancia y el equilibrio se tornan insuficientes. Nuevos y decididos paradigmas, como participación, cooperación e integración, que implican mezcla, hibridación y fusión, se hacen cruciales a medida que las cuestiones políticas relevantes se orientan alrededor de un eje: el de la construcción de un orden mundial más pacífico, justo, democrático y humano.

Todas y cada una de las tensiones que habían caracterizado la paulatina construcción de las democracias nacionales resucitan así de la oscura tumba a la cual habían sido confinadas por la retórica tribalista de la unidad nacional. ¿Democracia restringida o sufragio universal? ¿Despotismo ilustrado o representación democrática? ¿Soberanía estatal o autonomía y dignidad individuales? ¿Poderes oligárquicos o principio mayoritario y respeto de las minorías? ¿Representación territorial basada en "un estado-un voto" o representación democrática basada en "un hombre-un voto"? ¿Derecho al voto y a postularse como candidato reservados a los ciudadanos de primera categoría (hombres-propietarios-blancos-nativos) o igualdad política universal? ¿Centralidad del poder ejecutivo o del parlamento? ¿Juzgamiento y castigo de los crímenes en manos de los poderes ejecutivos o de tribunales independientes? ¿Diplomacia secreta o debate público? ¿Opacidad o transparencia? ¿Razón de estado o República? ¿Subordinación de los ciudadanos a los estados o rendición de cuentas de los estados a sus ciudadanos? ¿Privilegios hereditarios patriarcales o derechos humanos fraternales? ¿Prerrogativas otorgadas por la tierra y la sangre o ciudadanía universal? ¿Restricción o ampliación de la unidad política? ¿Pertenencia e identidad comunes como precondición de la unidad política o como resultado de su extensión?

Estas cuestiones, paulatinamente resueltas a favor de las segundas opciones durante el período de las Modernidades Nacionales, se están planteando hoy en la escala global. ¿Significa que serán resueltas a la brevedad, o al menos en el largo plazo pero positivamente, como en el pasado? Nada permite afirmarlo con certeza. Sin embargo, la afirmación de Marx acerca de que el hombre sólo enfrenta los problemas que está preparado para resolver puede ser la base de un optimismo racional acerca de la respuesta de la sociedad mundial a todas ellas. Por otra parte, ¿cómo podría funcionar un mundo global, complejo y avanzado, a través de principios e instituciones obsoletas? ¿Cómo podría operar un universo postindustrial con tecnologías políticas de la era preindustrial? Cuestiones como éstas, para las que carecemos aún de respuesta, se hacen decisivas para un futuro humano que se define por la tensión entre democracia y antidemocracia, entre tribalismo y republicanismo, ampliada a la escala mundial.

En este marco, tanto una "Izquierda" nacionalista y por lo tanto conservadora, que ha resignado el discurso modernizador y globalizador en manos de las fuerzas neoliberistas, como los combativos antiglobalistas que un día afirman que la globalización es un fantasma inventado conspirativamente por Thatcher y Reagan y al siguiente sostienen que los procesos globales acabarán con la vida en el planeta, encarnan fuerzas reaccionarias aunque se cubran bajo banderas rojas y expresen hondas preocupaciones sobre el destino de los oprimidos. Todas estas posiciones nacional-céntricas y globalifóbicas constituyen una contribución invalorable al desarrollo de fuerzas nacionalistas antiliberales y antidemocráticas, la mayoría de ellas, camufladas de izquierda, abundan en el nacionalismo populista que se ha hecho con el poder en varios países de Sudamérica.

Ser de izquierda en la sociedad global del conocimiento no implica abandonar los principios de Libertad. Igualdad y Fraternidad sino desarrollar los nuevos instrumentos que requiere su aplicación en un mundo global en cambio acelerado y permanente. Un nuevo contrato social global, una ciudadanía mundial, un parlamento donde se oiga la voz y se representen los intereses y derechos de todos los seres humanos: he aquí el trabajo enorme que una verdadera Izquierda está llamada a desarrollar en el siglo XXI, y al que no puede renunciar sin suicidarse.

Esta tarea, la que tiene por delante una Izquierda digna de sus mejores tradiciones, es extremadamente difícil y compleja, pero abre también enormes oportunidades para que la Izquierda se ponga nuevamente al frente de las fuerzas sociales democráticas y progresistas. Sin embargo, para comenzar siquiera a encararla, deberá abandonar las utopías nacionalistas-industrialistas y los espejismos populistas que la convierten en prisionera de su pasado, que convierten a sus dirigentes y a sus seguidores en bárbaros hostiles al extranjero[47] y hacen que la tradición de las generaciones muertas siga oprimiendo como una pesadilla el cerebro de los vivos[48].

47. Karl Marx-Friedrich Engels dixit, Manifiesto Comunista.
48. Karl Marx dixit, *El dieciocho brumario de Luis Bonaparte*.

ALEJANDRA M. SALINAS. Licenciada en Ciencias Políticas y Relaciones Internacionales y Doctora en Sociología (UCA).

Es Profesora de Teoría Política y Social (UCA, ESEADE, UNTREF), y de Temas de Historia Política (Fundación Ortega y Gasset Argentina). Actualmente también se desempeña como Secretaria de Investigación (ESEADE) y Editora General de la Revista de Instituciones, Ideas y Mercados (RIIM).

Sus trabajos más recientes incluyen: "La rectificación de la injusticia en Nozick: debates e implicancias actuales", 2011; "Populismo, Democracia y Capitalismo: Leyendo a Laclau", 2011; "Political Philosophy in Borges: Fallibility, Liberal Anarchism and Civic Ethics", 2010; "Los presupuestos psicológicos en política: una revisión de la literatura", 2009, y "Un análisis internacional comparativo del referéndum (1978-2008): ¿Acentuando o limitando la democracia participativa?", 2009.

Emancipación y hegemonía populista en Laclau: tensiones y críticas

Alejandra M. Salinas

Introducción

El concepto de populismo en Ernesto Laclau se refiere a todo proyecto político dirigido por un/unos representante/s cuya tarea sea la articulación de demandas sociales insatisfechas. Desde este ángulo, la lógica populista (o lógica de la equivalencia de esas demandas) se asienta en la necesidad de solidarizarse con esas demandas y en el objetivo de conferirles una identidad y coordinarlas mediante la acción de un líder. Éste se ocupa de definir, mediante un discurso, cuáles demandas forman parte del sujeto "pueblo", que surge en oposición a un "otro antagónico" presentado como opresor u enemigo. De este modo el discurso populista cumple una función "performativa", al construir la identidad del sujeto pueblo entendido como un actor colectivo (Laclau, 2009).

El populismo así entendido ha sido extensamente analizado en la última década y ha suscitado diversas críticas: se señaló, entre otras observaciones, la incompatibilidad entre la antinomia pueblo/no-pueblo y la lógica inclusiva y pluralista de la democracia, el riesgo populista de caer en un decisionismo, el reduccionismo populista en sus varios sentidos, las inconsistencias al interior del esquema laclausiano y las tensiones conceptuales y prácticas de este concepto de populismo con la idea de justicia y el respeto de los derechos humanos.

Este trabajo intenta profundizar el análisis del populismo abordándolo desde una perspectiva moral, que formula la siguiente pregunta: ¿acaso la lógica populista es compatible con el desarrollo de la autonomía de las personas, entendida como la libertad de actuar y pensar sin depender del criterio o deseo de otros, y como la posibilidad de adquirir y desarrollar las capacidades para así hacerlo? Si bien el discurso solidario y emancipador de Laclau nos puede llevar a pensar que sí son compatibles, mi conclusión se mueve en dirección contraria luego de examinar ciertas tensiones e implicancias latentes en la lógica populista. Por un lado, si el discurso populista necesita de demandas insatisfechas para ganar legitimidad, justificar y consolidar su régimen hegemónico, existiría una tensión entre las necesidades del liderazgo hegemónico y la satisfacción de las demandas populares, ya que el primero por definición debe mantener o renovar el carácter insatisfecho de esas demandas dado que esa insatisfacción sirve de justificación y sustento de su poder. La prioridad hegemónica o política operaría en desmedro del objetivo de satisfacer las demandas sociales básicas, tarea ésta fundamental para posibilitar el desarrollo de la autonomía y las capacidades de las personas. Más aún, en la medida en que la constitución de la identidad popular dependa solamente de la voluntad de un líder, se produce una tensión entre el objetivo del populismo —articular demandas insatisfechas mediante la construcción de una identidad común a todas— y el método utilizado, que también socava la posibilidad de que las personas definan su identidad y elijan el modo de satisfacer sus necesidades de acuerdo con sus propios criterios.

Por otro lado, la tensión entre autonomía y hegemonía populista presenta ciertas implicancias en el campo de las políticas públicas. En primer lugar, es esperable que la oferta de bienes y servicios públicos dirigidos a satisfacer necesidades insatisfechas —entendida como la provisión de calidad educativa, una mejor atención de la salud, mayor acceso a los mercados, estabilidad económica y seguridad jurídica, mayor capacidad de ahorro y más oportunidades de trabajo digno —se vuelva más precaria e ineficiente, a la luz de la atención prioritaria que recibiría la construcción del modelo por sobre la atención sostenida de esas demandas. En la medida en que la precariedad social se prolongue, será más difícil revertir las condiciones estructurales deficientes que socavan la posibilidad de autonomía y desarrollo de las capacidades de las personas menos favorecidas. En segundo lugar, a medida que se concentra el poder político y económico en el líder, también se reducen las oportunidades que permiten a las personas convertirse en ciudadanos críticos, hacer oír su voz y ejercer su voto en lo que atañe a las cuestiones fundamentales en un régimen democrático.

Es importante aclarar que en nuestro enfoque la tensión entre autonomía y hegemonía emana de la lógica del modelo independientemente de las motivaciones de sus actores políticos. En este sentido, un régimen populista puede o no estar acompañado de posiciones auto-interesadas, deseos de dominación, intencionalidades corruptas y acciones irresponsables o dañinas, pero no es la tarea de este trabajo mostrar que ese sea o no el caso. Nos limitamos aquí a abordar la lógica del modelo populista y no las cualidades psicológicas, ambiciones personales y perspectivas morales de quienes lo diseñan, implementan o defienden.

Mis argumentos están organizados de la siguiente manera. En la sección I analizo la relación entre los conceptos de emancipación, hegemonía y populismo según han sido postulados por Laclau en debate con el marxismo. En la sección II examino las tensiones e implicancias de la teoría populista, ilustrando mis argumentos con algunas situaciones de la Argentina actual, y en la sección III señalo las críticas morales que pueden hacerse al modelo populista desde posturas liberales igualitarias y liberales clásicas.

I. De la emancipación a la hegemonía populista

Durante los últimos veinticinco años como teórico de la política, Ernesto Laclau elaboró un modelo conceptual que cristalizó en su libro *La razón populista*. Entre otros enfoques para analizar el recorrido intelectual de este autor, lo haremos aquí en base a las nociones de emancipación, hegemonía y populismo. La emancipación ofrece un punto de partida y al mismo tiempo de crítica al corpus teórico marxista, del cual Laclau se aparta progresivamente hasta derivar en un post-marxismo (Arditi, 2007); mientras que la hegemonía lo conecta con el enfoque de Gramsci (Thwaites Rey, 1994), y el populismo constituye su aporte más específico a la teoría política contemporánea de izquierda. Veamos entonces la relación entre tres conceptos cruciales.

En un texto escrito en 1992, el autor bajo análisis escribe que la emancipación en sentido *clásico* es "la eliminación de la explotación económica y de toda forma de discriminación, la defensa de los derechos humanos y la consolidación de los derechos civiles y libertades políticas"; en contraste, la emancipación en sentido *radical* sería un acto revolucionario que pretende abolir toda forma de alienación (Laclau, 1996:76). El acto revolucionario fue tradicionalmente conceptualizado por los teóricos marxistas como un proceso de emancipación mediante el cual se supera la dominación de unos grupos sobre otros alcanzando un estado de liberación.[49]

En una obra ya clásica que escribe en coautoría con su colega y esposa, Laclau reformula estos conceptos a la luz de un marco teórico posmoderno que abandona la idea de una sociedad comunista emancipada, que sobreviene luego de la revolución, para reemplazarla con una sociedad permanentemente marcada por el antagonismo social donde "el hecho revolucionario es, simplemente, un momento interno del proceso político radical" (Laclau y Mouffe, 1987:29). En este sentido, para Laclau la noción marxista de emancipación entendida como "una escatología secularista" se asienta en una visión esencialista y reconciliadora que se encuentra en las antípodas de su noción posmoderna, contingente y antagónica (Laclau, 1996:8).

---

49. Como lo ilustra esta cita de Marx: "Sólo hay una forma en que las agonías de muerte de la vieja sociedad y las sangrientas agonías del nacimiento de la nueva sociedad se pueden acortar, simplificar y concentrar, y esa manera es el terror revolucionario", en "The Victory of the Counter-Revolution in Vienna", *Neue Rheinische Zeitung,* N°136, 1848, citado por Hicks (2011).

En tanto el populismo surge de la frustración con la democracia representativa[50] el "hecho revolucionario" representa una ruptura con el orden existente y conduce a la instauración de un nuevo orden político, cuyas características y protagonistas varían según contextos particulares. Si, por un lado, para el marxismo las identidades de clase preexisten al acto emancipador, para el populismo la identidad de pueblo se manifiesta en nuevos discursos de liberación que se encuentran adscriptos a movimientos plurales antes que a clases sociales determinadas por el modo de producción. Si, por otro lado, para el marxismo la revolución proletaria apuntaba a acelerar el fin de las instituciones políticas burguesas —como la democracia—, para el populismo la democracia debe defenderse, si bien sólo en su forma radicalizada o antagónica.

De lo anterior se desprende que, a diferencia del análisis marxista basado en el discurso de la liberación humana alcanzable mediante la lucha proletaria y anclada en la promesa (y viabilidad implícita) de una superación de la sociedad clasista, en Laclau la liberación nunca se alcanza definitivamente, sino que se logra sólo de modo circunstancial y temporario, en cada momento hegemónico. Es decir, mientras para Marx la desaparición del poder estatal era sinónimo del proceso emancipatorio, en Laclau éste se traduce en el desplazamiento de las relaciones de poder existentes pero nunca en la eliminación de éstos:

La tesis sociológica fundamental de Marx era que las leyes económicas del capitalismo iban a conducir a la

50. Diagnóstico que comparten Canovan (2004), Crick (2005), Schmitter (2007) y Laclau (2009), entre otros.

desaparición del campesinado y las clases medias. En consecuencia, el último conflicto social de la historia iba a ser un enfrentamiento entre una masa proletaria unificada y la burguesía capitalista. Pero el proceso no avanzó en esa dirección. Ahí es cuando aparece el problema de la heterogeneidad, porque hay heterogeneidad cuando una serie de distintos elementos no pertenecen naturalmente al mismo orden de la representación. Por ello, la unificación en el orden de la representación requiere de un trabajo político, que esa es la lógica de la hegemonía finalmente" (Laclau, en Cuevas Valenzuela, 2012).

De modo que hasta aquí tenemos dos ideas centrales que resaltar. Primero, el paradigma populista rechaza la idea marxista de una sociedad total y finalmente emancipada pues ello conduce al fin de la política. Laclau redefine los términos: no habría ni sujeto ni valor emancipatorio definidos a priori, sino "emancipaciones" buscadas por diferentes razones y actores políticos, y por ello la emancipación no sería nunca total ni definitiva, sino parcial y contingente, variando en cada momento histórico y según la hegemonía de turno. Segundo, tanto en el marxismo como en el populismo el "hecho revolucionario" se presenta con un viso de legitimidad moral, en tanto atendería el reclamo de autonomía o liberación de quienes se encuentran oprimidos o dominados. Nos detendremos aquí a delinear los rasgos y génesis del concepto de hegemonía populista y presentar algunas de las críticas formuladas al populismo desde el marxismo.

La teoría que emerge una vez que se deja atrás el determinismo teleológico de la emancipación marxista está marcada por la idea de un régimen político hegemónico. Según el autor bajo análisis, éste puede ser un régimen de derecha o de izquierda o cualquier combinación de ambos. Ilustra el primer caso "el discurso liberal-conservador, que intenta articular la defensa neoliberal de la economía de libre mercado con el tradicionalismo cultural y social profundamente antiigualitario y autoritario del conservadurismo. La reacción conservadora tiene, pues, un carácter claramente hegemónico. Ella intenta transformar profundamente los términos del discurso político, y crear una nueva «definición de la realidad», que bajo la cobertura de la defensa de la «libertad individual» legitime las desigualdades y restaure las relaciones jerárquicas que las dos décadas anteriores habían quebrantado" (Laclau y Mouffe, 1987:27, comillas en el original). Ilustra el tercer caso, "la nueva concepción «socialdemócrata» de la realidad, que ha llegado a ser hegemónica, se inscribe sin duda en el cuadro del liberalismo, pero de un liberalismo profundamente transformado por su articulación con la idea democrática... la apariencia de igualdad que reina y la democratización cultural que es consecuencia inevitable de la acción de los medios de comunicación, permite poner en cuestión privilegios basados sobre antiguas formas de estatus" (Laclau y Mouffe, 1987:15, idem).

En el caso de la hegemonía populista, ésta no buscaría defender la «libertad individual» ni mantener la "apariencia de igualdad", ya que ambos objetivos suponen una fe en el individualismo metodológico que la lógica populista no comparte. De hecho, el individualismo metodológico es inconsistente con la idea posmoderna a la que adhiere Laclau de la disolución del sujeto, según la cual el subjetivismo se torna "demodé" (Laclau, 1996:84). Así, "los individuos no son totalidades coherentes, sino sólo identidades de referencia que han de ser separadas en una serie de posiciones localizadas de sujeto. Y la articulación entre estas posiciones es un asunto social y no individual (la noción misma de "individuo" no tiene sentido en nuestro enfoque)" (Laclau, 2009:196). Desde esta perspectiva, palabras como libertad y autonomía no se predican de personas individuales ni de fenómenos históricos sino de sustantivos colectivos, como lo es "el espíritu hegemónico": éste es habitado transitoriamente por "cuerpos" —léase, movimientos sociales— que, en tanto momentos particulares y transitorios del "espíritu" —léase, hegemonía— nunca instancian la totalidad de ésta (Laclau, 1996:71).[51]

La visión hegemónica populista puede comprenderse mejor a la luz del aporte teórico de Gramsci. Como se ha observado, "el concepto de hegemonía ya era conocido y utilizado en el movimiento comunista internacional desde fines del S.XIX, pero referido a la estrategia del movimiento obrero y a la necesidad de ganar a las masas campesinas y a otros estratos sociales para la lucha revolucionaria. Lenin empleó este concepto, pero referido a la cuestión eminentemente política de la "alianza de clases" (…) "Gramsci pone el acento en la necesidad, para la clase obrera, de librar una batalla política e ideológica en el seno de la

---

51. La distinción entre cuerpo y espíritu, entre contenido y forma, también habita su idea de justicia: „La justicia como noción es algo que no tiene un contenido claro …., el contenido de la justicia es contingente. La categoría de la justicia, sin embargo, tiene que estar presente desde el principio" (Avgitidou y Koukou, 2010).

sociedad/Estado para lograr la superación del sistema capitalista dominante. Gramsci advierte que para "tomar" el aparato represivo y poder destruirlo es necesario desarticular el bastión ideológico que le da soporte y firmeza, que constituye la verdadera amalgama del sistema de dominación" (Thwaites Rey, 1994:13 n.36, 21).

Este énfasis en el carácter ideológico/ discursivo como motor de la lucha es reconocido, si bien reformulado, por Laclau. Si en el enfoque gramsciano la dominación se traduce en la imposibilidad de afianzar ciertas identidades clasificadas según un análisis clasista, la mirada laclausiana se desliga de la explotación económica y se detiene en el discurso político: es éste el que introduce el antagonismo en el sistema económico, y el que posiciona a la ética en el plano de las "decisiones contingentes que presuponen relaciones de poder" (Laclau, 1996:81).

La politización de la economía y de la ética en Laclau puede resumirse, por lo tanto, en la siguiente idea: las relaciones sociales signadas en el marxismo por posiciones económicas de clase y en el no-marxismo por normas éticas, son abandonadas y reemplazadas por el proceso de construcción de hegemonía, que implica simultáneamente la deconstrucción del determinismo o esencialismo económico (marxista) y del condicionamiento ético (liberal).

En términos de la praxis política, si para Gramsci y Lenin la vanguardia o el partido cumplían un rol central en la construcción de un sistema hegemónico, para Laclau será cualquier instancia representativa. La función de ésta será articular los reclamos sociales en una cadena de demandas equivalenciales, confiriéndole a esa cadena una identidad a partir de un discurso *ad hoc* y bajo el nombre de "pueblo" (Laclau, 2009). Surge así la hegemonía populista, superadora de la hegemonía burguesa y la proletaria. Su irrupción reposicionó los argumentos socialistas en momentos en que el debilitamiento y posterior derrumbe del sistema comunista obligaba también a repensar los términos del debate intelectual.

Quienes se resistieron a abandonar las premisas marxistas ortodoxas naturalmente cuestionaron la "evolución" de los términos del debate. Por caso, Enrique Dussel reclama a Laclau su lectura parcial: a juicio de este autor Marx no agotaba su análisis en la categoría "clase", pues reconocía opresión de género, pedagógica, cultural, racista, etc., y también invocaba la categoría "pueblo" para aludir a grupos marginales o pobres antes de la emergencia del capitalismo. Así, "las "clases" se agotan en cada modo de producción, el pueblo sobrevive a las "clases" (al esclavo, al siervo y al obrero asalariado) y tiene permanencia, continuidad histórica" (Dussel, 2001:185,187-188). Probablemente una voz populista respondería que en todos los casos mencionados son principalmente las *condiciones materiales* las que imprimen su sello de opresión de clase y de marginación social: por ejemplo, es la explotación laboral de la mujer lo que Marx condena, y no la dominación masculina en sí misma. Laclau se rebela contra esa lectura materialista, y aunque no desconoce su importancia, le niega protagonismo como motor del conflicto social.

Otro caso en punto es el de Atilio Borón, quien rescata la filiación marxista de Gramsci contra la apropiación populista del autor italiano. Borón opina que las áreas compartidas por Lenin y Gramsci son cuatro: "la base clasista de la hegemonía"; "el papel de la política de alianzas"; "el partido como agente concreto de la acción hegemónica", y "la unidad dialéctica entre hegemonía y dictadura (del proletariado)" (Borón, 2006:187). También cuestiona el concepto de discurso hegemónico como construcción de toda práctica social: "Lo que Laclau pide es nada menos que neguemos la "objetividad" de la contradicción y que dejemos de pensar en el objeto real como un existente en sí, para verlo exclusivamente como significante, es decir, como cultura, es decir, como discurso..., en vez de aceptar que el capitalismo y sus contradicciones son algo objetivo..." (Borón y Cuellar, 1983:15). Esta crítica se reformula años más tarde para adaptarse al contexto multiculturalista posterior. Frente al reduccionismo que converge en una única identidad de "pueblo", para Borón el marxismo posibilita que "la sociedad sin clases se revela en cambio como una vistosa acuarela en la cual las identidades y las diferencias étnicas, culturales, lingüísticas, religiosas, de género, de opción sexual, estéticas, etc., serán potenciadas una vez que hayan desaparecido las restricciones que impiden su florecimiento: la sociedad de clases y la explotación clasista" (Borón, 2006:187).

Pero justamente es frente a la evidencia histórica del fracaso de este retrato —refutado por la realidad monocromática de las sociedades comunistas décadas después de la posguerra— que Laclau formula su postmarxismo como una estrategia intelectual para acomodar los hechos históricos a la lectura teórica de la izquierda. En tanto variantes de una misma familia ideológica, cabe preguntarse entonces hasta qué punto difieren el populismo y el marxismo. A pesar de las diferencias sustantivas, puede decirse que ambos comparten su crítica radical al capitalismo, el antagonismo como motor principal de la historia, el colectivismo metodológico y el rol de la utopía (imaginario) en el pensamiento de izquierda. Si para el marxismo en la versión de Borón esa utopía se reviste de teleología y ortodoxia, el imaginario populista se presenta inmanente y pragmático:

"La consecuencia de esta imprescindible recuperación de la utopía es doble: por una parte, coloca a los filósofos políticos frente a la necesidad no sólo de ser críticos implacables de todo lo existente, sino de proponer también nuevos horizontes hacia donde la humanidad pueda avanzar" (Borón, 2006:188).

"La presencia de este imaginario como conjunto de significaciones simbólicas que totalizan en tanto negatividad un cierto orden social, es absolutamente necesaria para la constitución de todo pensamiento de izquierda… las formas hegemónicas de la política suponen siempre un equilibrio inestable entre este imaginario y la gestión de la positividad social" (Laclau y Mouffe, 1987: 40).

Por último, de los párrafos anteriores también se desprende que tanto marxismo como populismo enuncian un discurso de tono moral contra la opresión y favor de la emancipación. No hay más espacio aquí para profundizar en el análisis de los conceptos de emancipación y hegemonía postulados por Laclau en debate con el marxismo. Me he limitado a señalar sus puntos principales a fin de comprender mejor cuáles son las raíces del pensamiento populista y cuál su aporte específico. Examinaré a continuación algunas de las tensiones e implicancias del populismo así entendido.

II. Análisis de la hegemonía populista

El análisis de la lógica populista nos permite revelar ciertas tensiones latentes en su modelo así como algunas implicancias institucionales y políticas, que analizaremos en esta sección.[52]

Tensión entre hegemonía populista, satisfacción de necesidades y autonomía moral

Si el discurso populista necesita articular la mayor cantidad de demandas insatisfechas para construir y consolidar su régimen hegemónico, existiría una tensión irreconciliable entre las necesidades del liderazgo hegemónico, por un lado, y la atención de las demandas populares, por el otro, ya que el primero por definición debe mantener o renovar el carácter *insatisfecho* de esas demandas que, por definición, sirven de justificación y sustento de su poder. En otras palabras, parece contrario a la lógica populista intentar satisfacerlas, ya que al hacerlo socavará las bases mismas de su representación. La implicancia de esta tensión es que las medidas implementadas por el régimen populista no apuntarían a satisfacer las demandas sociales de un modo estructural y permanente sino sólo en la medida en que esa satisfacción permita al régimen articularlas para acceder o permanecer en el poder, esto es, consolidar la hegemonía.

Una acotada constatación empírica de esta hipótesis la ofrece el caso del gobierno populista en la Argentina y la atención de demandas insatisfechas. Entre 2003 y 2011 el gobierno nacional aumentó el gasto en prestaciones de

---

52. Dejo aquí de lado un análisis económico del populismo. Ver al respecto Rodríguez Braun (2011).

seguridad social (rubro directamente vinculado a la satisfacción de necesidades) un 655%. Sin embargo, si bien el
gasto social fue el componente con mayor participación
en el gasto total del gobierno nacional (61%), a partir del
2007 la pobreza comenzó a aumentar (Leonardi y Mealla Percara, 2012). Hacia el 2011 había en la Argentina un
27,3% de población indigente y pobre, de la cual el 25% se
encontraba en una situación de inseguridad alimentaria
severa y el 43% con inseguridad moderada, a pesar de lo
cual no recibían ningún tipo de asistencia económica por
parte del Estado (Observatorio…, 2012:32−33). Las cifras
de la pobreza −que miden el grado máximo de insatisfacción de necesidades− oscilan según las simpatías políticas estén a favor o en contra del régimen. Según el Diario
La Nación, opositor, para el Centro de Economía Regional
y Experimental (CERX) la pobreza alcanzaba al 32,1% de
la población en la segunda mitad de 2008.[53] Para el mismo
año, el gobierno daba a conocer su medición de pobreza,
que era del 20,3%. En una línea ideológica marxista crítica
del gobierno, Rolando Astarita coincide en que la pobreza
ascendía al 30% de los hogares en el 2011.[54]

    ¿Cómo explicar entonces un porcentaje tan elevado
de pobreza en un contexto populista con tasas positivas

---

53. "Ya hay tantos argentinos pobres como en 2001", *Diario La
Nación*, 10 de noviembre de 2008.

54. Astarita utiliza el método de la Unión Europea, que considera
pobres a quienes reciben menos del 60% de la mediana del ingreso:
en el 2011 eran pobres los hogares que recibían menos de $2.718
al mes, según cifras del INDEC ("Los indices de pobreza en Argentina, sin las mentiras del Indec", 11 abril de 2012, en http://
pichaco.wordpress.com/2012/04/11/los-indices-de-pobreza-en-
argentina-sin-las-mentiras-del-indec/).

de crecimiento económico? Es plausible pensar en tres respuestas: a) no se asignan suficientes recursos al área social, comparada con otras áreas que reciben dinero del gobierno, como por ejemplo las empresas públicas y los medios de comunicación masiva; b) el gasto social se agota en finalidades y actividades que privilegian la satisfacción de demandas en el corto plazo, de modo de potenciar el apoyo del pueblo sobretodo en momentos electorales, ignorando los efectos de mediano y largo plazo de ese financiamiento social; c) existe un desvío en la utilización de los recursos asignados al rubro social debido a la corrupción de los funcionarios y a la falta de controles horizontales que la prevengan o castiguen.

A los fines de nuestros argumentos el segundo punto ilustra la tensión aludida: el régimen populista no apuntaría a satisfacer las demandas sociales de un modo estructural y permanente sino sólo hasta el punto en que esas demandas se consideren "atendidas" y ofrezcan apoyo al régimen. En el mediano y largo plazo las debilidades de ese modelo de financiamiento social provocarán crecientes demandas y consiguientes financiamientos, creándose así una "espiral populista".

El problema con esta tensión es que presenta graves implicancias morales, ya que la atención de las demandas básicas es condición necesaria para posibilitar mayores oportunidades en el desarrollo de la autonomía y de las capacidades de las personas. En otras palabras, las herramientas materiales e intelectuales que permiten a las personas elegir su plan de vida y los caminos a seguir para llevarlo a cabo dependen de modo crucial de una adecuada y sostenida satisfacción de necesidades básicas. Si éstas son postergadas, las oportunidades para favorecer ese desarrollo serán menores. En la medida en que la precariedad social se prolongue, será más difícil revertir las condiciones estructurales deficientes que socavan la posibilidad de autonomía y desarrollo de las capacidades de las personas menos favorecidas.

Tensión entre la lógica populista y las libertades políticas y civiles

Como ya señalamos, la constitución de la identidad popular depende solamente de la intervención de la instancia representativa (léase, de la voluntad de un líder), produciéndose una tensión entre la lógica del populismo, que reconoce una heterogeneidad de grupos pero utiliza un método monopólico. Se excluye así la posibilidad de que un pueblo elija su propia identidad y el modo de satisfacer las necesidades según sus propios criterios. En lo que toca a las libertades políticas, a medida que se concentra el poder político y económico en el líder, se reducen las oportunidades que permiten a las personas convertirse en ciudadanos críticos, hacer oír su voz y ejercer su voto en lo que atañe a las cuestiones fundamentales en un régimen democrático.

A esta altura resulta claro que otorgar una voz al pueblo que no emane del discurso del líder sería reconocerle una libertad o autonomía incompatible con la lógica populista. Brevemente expuesta, la idea de autonomía requiere reconocer la capacidad de las personas para elegir por sí mismas cómo satisfacer sus necesidades y preferencias. En la opinión del filósofo argentino Carlos Nino, el principio de autonomía sirve de fundamento moral en el diseño y adopción de las instituciones políticas para justificar —y cuando cabe, restringir—, las decisiones y acciones políticas (Nino, 1991:348-355).

Cabe señalar que la tensión entre régimen hegemónico y autonomía no pasa desapercibida para el mismo Laclau quien, como vimos, mientras defiende la hegemonía del líder populista simultáneamente postula la promesa emancipatoria del nuevo orden político, "el comienzo de la libertad" (Laclau,1996:18).[55] Quizás consciente del desafío lógico que se le presenta, el autor intenta conciliar libertad y hegemonía con el siguiente argumento: existen distintas luchas autónomas que se subsumen en una sola lucha populista, pero ello no atenta contra la demanda de libertad sino que la complementa, porque sólo en un espacio racional (léase, no populista) equivalencia y autonomía son contradictorias. En sus palabras:

> La lógica de la equivalencia, por tanto, llevada a sus últimos extremos, implicaría la disolución de la autonomía de los espacios en los que cada una de estas luchas se constituye, no necesariamente porque algunas de ellas pasarán a estar subordinadas a las otras, sino porque todas ellas habrían, en rigor, llegado a ser símbolos equivalentes de una lucha única e indivisible" (Laclau y Mouffe, 1987: 33).
>
> La precariedad de toda equivalencia exige que ella sea complementada-limitada por la lógica de la autono-

---

55. No hay espacio de analizar in extenso el concepto de libertad en Laclau. Cabe sólo señalar que, en su visión, una democracia para ser viable debe negociar la dualidad de libertades y no libertades (1996:19 n.2). El autor no señala cuáles serían esas libertades y no-libertades.

mía. Es por eso que la demanda de *igualdad* no es suficiente; sino que debe ser balanceada por la demanda de *libertad*" (Ibid., 35, cursivas en el original).

Es solamente en este espacio racional y homogéneo que la lógica de la equivalencia y la lógica de la autonomía son contradictorias, porque es sólo en él que las identidades sociales se presentan como *ya* adquiridas y fijas… como, por definición, este momento último nunca llega, la incompatibilidad entre equivalencia y autonomía desaparece" (Ibid., 34).

A pesar de su intento, Laclau no resulta convincente en su conciliación entre los conceptos de hegemonía y autonomía, simplemente porque son conceptos radicalmente incompatibles: o las personas poseen libertades políticas para definir, expresar o votar identidades, ideas y propuestas políticas, dejando a funcionarios y regímenes la sola tarea de proteger esas libertades, o las personas no poseen libertades políticas debido a que algún líder limita, ocupa o usurpa los espacios donde las personas pueden ejercer esas libertades. Sin llegar a una dicotomía tan tajante, Laclau pasa por alto el argumento evidente de que la posibilidad de autonomía de los actores necesariamente disminuye y puede eventualmente desparecer a medida que va emergiendo y consolidándose la hegemonía de un régimen en manos del líder populista.[56]

---

56. Consecuentemente, no sorprende que en ausencia de autonomía se siga luego la inexistencia de un discurso populista sobre derechos individuales. En última instancia, la lógica populista no sólo debe omitir hablar de derechos, sino que requiere negarlos para quitarle fundamentos a cualquier crítica al régimen: "No es posible nunca tener derechos individuales definidos de manera ais-

La ausencia de autonomía en el modelo populista queda bien ilustrada en la imagen de una relación verticalista entre el líder y el pueblo (Howarth, 2008:186). El verticalismo resulta de la dependencia del pueblo respecto del líder, tanto en lo constitutivo a su identidad como en lo referente a la dinámica política marcada por el antagonismo contra el no-pueblo. En la relación líder-pueblo, el primero manda y el segundo obedece sin cuestionar. En términos institucionales esta frase puede interpretarse como la ausencia de "cuestionamiento" al tipo de liderazgo asociado con los regímenes populistas, ya sea como ausencia de interpelación y de protesta o como un apoyo al estilo personalista y la concentración del poder en el líder.[57] La implicancia directa es que populismo así definido funcionaría en detrimento de una activa y pluralista sociedad civil.[58]

___

lada, sino solamente en contextos de relaciones sociales que definen posiciones determinadas de sujeto... «derechos democráticos» sólo pueden ejercerse colectivamente y suponen la existencia de derechos iguales para los otros"(Ibid., 36). Examiné la tensión entre hegemonía populista y derechos en Salinas (2012).

57. Esto se refleja, por ejemplo, en encuestas recientes de opinión pública en la Argentina que muestran un aumento en la "preferencia por un gobierno con el poder concentrado en el Ejecutivo. Dicho aumento, se produjo, sobre todo, entre la población que no terminó sus estudios secundarios, entre los del estrato muy bajo y entre los habitantes de villas o asentamiento precarios, siendo estos, los que a su vez, mantuvieron niveles más bajos de preferencia por un gobierno republicano con el poder dividido" (Observatorio... UCA, 2011).

58. *Pace* Dussel (2007), el ejercicio del "poder popular" no resulta potenciado en el populismo sino que está de hecho limitado por lo que el líder permite o no hacer a su pueblo. Sobre el carácter poco participativo de la lógica populista ver Salinas (2011).

Si bien puede ser tentador correlacionar positivamente populismo, participación popular y debate público, en realidad esa asociación resulta algo arbitraria, ya que existen varios argumentos en apoyo de la antinomia entre esos tres elementos. Para comprender esa antinomia es útil recurrir al aporte de los teóricos deliberativos. Entre ellos, el ya citado Carlos Nino opina que la deliberación pública es necesaria para que las personas puedan reconciliar sus diferencias y/o lograr que otras personas con ideas divergentes acepten la justificación de sus propuestas y acciones políticas. Desde este ángulo, el acuerdo político sería posible y deseable, y se fortalecería con un gobierno representativo y deliberativo, acompañado de foros ciudadanos sobre temas públicos (Nino, 1997).

Para Nino las prácticas políticas deben legitimarse moralmente en una discusión social, destinada a superar conflictos y lograr la cooperación mediante el consenso. Para lograr este objetivo, los interlocutores deben actuar sobre la base de razones universales y autónomas y no sobre la base de amenazas, coerción, argumentos de autoridad o en torno al interés propio. Entendida de este modo, la deliberación queda excluida del modelo populista, pues mientras la primera busca reconciliar diferencias y privilegia la argumentación y el uso de la razón autónoma, el segundo busca crear conflictos, privilegia el monólogo del discurso del líder y lo asienta en el antagonismo.[59]

---

59. Estos aspectos de la incompatibilidad entre deliberación y populismo se insertan en una discusión más amplia entre liberalismo y postmarxismo. Ver Mouffe (2000) para una teoría postmarxista de la democracia que remarca la imposibilidad de erradicar el antagonismo y de lograr un completo consenso racional.

Por otro lado, la idea de la unicidad del sujeto pueblo, del antagonismo social y del verticalismo político tampoco deja lugar para el pluralismo de una sana sociedad civil donde diversas organizaciones ejerzan la libertad de criticar al gobierno. Por el contrario, se desprende que, para afianzarse, el régimen hegemónico deberá avanzar *contra* la sociedad civil. En la medida en que ésta ofrezca resistencia, el populismo tenderá a denunciar las instituciones intermediarias entre el líder y su pueblo, "como los terratenientes, los banqueros, los burócratas, los sacerdotes, la élite, los inmigrantes y la clase política. ... Cuando todas las instituciones intermediarias son denunciadas, hay grandes peligros para la libertad y la democracia" (Crick, 2005:626).

No hay demasiado espacio para explorar todos los aspectos y casos que ilustran el avance contra la sociedad civil por parte de la hegemonía populista, pero un ejemplo actual resonante es la persecución y/o hostigamiento a la prensa libre en los regímenes populistas latinoamericanos. Por caso, la llamada ley de medios en la Argentina que pretendía desguazar a las empresas de comunicación masiva independientes, lo que hubiera resultado en una disminución de la libertad de expresión y con ella de la difusión pública de las críticas al gobierno. El Poder Judicial declaró la inconstitucionalidad de la ley, por ser sus disposiciones "irrazonables, arbitrarias y discriminatorias; que no guardan relación con el objetivo que pregonan; que vulneran la libertad de expresión y comprometen la viabilidad de medios independientes, y que por lo tanto, afectan la pluralidad y el derecho de la sociedad a contar con información no tutelada por el gobierno".[60]

---

60. Ver puntos principales del fallo en http://www.clarin.com/

En resumen: la lógica populista se encuentra en tensión con la idea de satisfacer necesidades básicas respetando el principio moral de la autonomía, así como con el respeto de las libertades políticas y civiles que permiten instanciar ese principio. A pesar del discurso populista, la hegemonía choca con la autonomía y las libertades básicas produciendo tensiones irresolubles entre ellos ya que, a) no es posible sostener la hegemonía sin mantener al pueblo insatisfecho, lo que mina las oportunidades de creación de autonomía; b) por definición, no es posible sostener la hegemonía respetando la libertad de participar y votar en contra de la voluntad del líder, y c) no es posible sostener la hegemonía si existe una sociedad civil autónoma, lo que directamente atenta contra el espíritu unitario del populismo.

III. Críticas desde el liberalismo
Las críticas a la lógica populista desde el liberalismo pueden reforzarse con los argumentos morales del liberalismo igualitario y del liberalismo clásico contemporáneos. El primero está asociado con la provisión colectiva de bienes y recursos para posibilitar que todas las personas tengan la oportunidad real de embarcarse en la búsqueda de la autonomía individual y de desarrollar sus capacidades básicas. El segundo defiende la idea de un gobierno que se limite a crear y garantizar las condiciones para que las personas elijan y persigan su propio plan de vida. En las dos primeras secciones hemos adelantado argumentos generales en torno a la autonomía y las libertades; en este apartado nos ocuparemos con más detalle de presentar

politica/Puntos-principales-sentencia_0_903509682.html

esos argumentos y señalar en qué sentido ellos son incompatibles con la lógica populista.

Si bien ya mencionamos a Carlos Nino como aporte a la teoría del liberalismo igualitario, Martha Nussbaum también ofrece nociones fundamentales en esta línea, afirmando que las capacidades básicas son "objetivos políticos que deben ser útiles como punto de referencia para la aspiración y la comparación" y que la política debe ofrecer "las herramientas necesarias, tanto para elegir como para tener una opción realista de ejercer las funciones más valiosas. La elección de si y cómo utilizar esas herramientas, sin embargo, se deja a los ciudadanos, con la convicción de que esta elección es un aspecto esencial del respeto de su libertad. Ellos son vistos no como receptores pasivos de patrones sociales, sino como seres libres y dignos que dan forma a sus propias vidas" (Nussbaum, 1997: 291-292).

Para el enfoque de las capacidades que defiende Nussbaum, el desarrollo de las habilidades humanas presenta así un reclamo moral que debe ser atendido por el Estado. "Con el apoyo educativo y material adecuado, los seres humanos pueden convertirse en totalmente capaces de alcanzar las funciones humanas. Las "capacidades básicas" posibilitan esto. Cuando se frustran los poderes de las personas para actuar y expresarse, tenemos una sensación de desperdicio y tragedia..." (Nussbaum, 2002:131). Esta autora exige replantear el tipo de preguntas que debe responder toda teoría política y escribe, "En lugar de preguntar "¿Qué tan satisfecha está una persona A", o "¿Cuánto recursos posee A?", preguntamos: "¿Qué es A de hecho capaz de hacer y de ser?" y "¿Es la persona capaz de esto, o no?". (El enfoque de las capacidades) "mira a las personas una por una, insistiendo en localizar el empoderamiento en *esta* vida y en *esa* vida, más que en la nación en su conjunto" (Nussbaum, 1997:285, cursivas en el original).

Nussbaum nos presenta así un listado diez capacidades básicas entre las cuales resumimos y destacamos, a los fines de este trabajo, las siguientes: i) *Razón práctica*. Ser capaz de formar una concepción de lo bueno y de participar en la reflexión crítica acerca de la planificación de la propia vida. Esto implica la protección de la libertad de conciencia y de religión; ii) *Respeto*. Tener las bases sociales del respeto de sí mismo; ser tratado como un ser digno cuyo valor es igual a la de los demás. Esto implica preveer contra la discriminación social; iii) *Control sobre el medio ambiente*. a) Político. Ser capaz de participar efectivamente en las decisiones políticas que rigen nuestra vida, tener el derecho a la participación política, y la protección de la libertad de expresión y de asociación, y b) Material. Ser capaz de tener propiedad (tanto tierra como bienes muebles), el derecho al trabajo, y la libertad frente al registro y la incautación injustificados. El objetivo de la política pública es entonces la promoción de estas capacidades, por ejemplo, mediante la educación y la creación de las condiciones institucionales y materiales que lo hacen posible (Nussbaum, 1997:287-288).

¿En qué sentido entonces el enfoque de Nussbaum nos revela la incompatibilidad de la lógica hegemónica con el desarrollo de las capacidades? Podemos pensar en varios aspectos que harían inviable la compatibilidad entre ellos. Mientras que para la lógica hegemónica el antagonismo es constitutivo de lo social y de lo político, para el enfoque de las capacidades la asistencia cooperativa es deseable y posible, y el Estado debe hacerse cargo de esta tarea.

Mientras que la lógica hegemónica ignora el trato digno e igual para todas las personas al agruparlas en dos categorías (pueblo/no-pueblo), el enfoque de las capacidades promueve el respeto de todos, poniendo a la dignidad humana en el centro de la tarea política. Mientras que la lógica hegemónica defiende un uso instrumental del sujeto pueblo al servicio del mantenimiento del líder en el poder, el enfoque de las capacidades reclama el derecho a una participación efectiva en las decisiones políticas y las libertades civiles, derecho que atenta contra el voluntarismo del líder populista.

La visión de Nussbaum interpela cualquier modelo político que no se proponga fomentar el desarrollo de las capacidades básicas, ya que al no hacerlo se atentaría contra la dignidad y la libertad de las personas. Fundamentalmente, para el liberalismo igualitario éstas son consideradas agentes libres de elegir su plan de vida y la forma de participar en la vida política, condición que requiere del Estado la redistribución de recursos hacia los grupos menos autónomos o con menor desarrollo de capacidades. Entonces, si bien populismo y liberalismo igualitario comparten una preocupación por dar prioridad a las personas y grupos menos favorecidos, podemos concluir que sus postulados y recetas institucionales divergen diametralmente en cuanto a la justificación ofrecida y en cuanto a los mecanismos implementados para atender los reclamos de esas personas y grupos.

Por el lado del liberalismo clásico contemporáneo también se presentarían serias críticas de corte moral al populismo. Enfatizando la justificación moral de las instituciones y procedimientos políticos, para Robert Nozick (1991) los principios de justicia del orden político y legal tienen que ser desarrollados a la luz de, y apreciando, el carácter personal de la vida moral. La libertad para perseguir planes de vida personales no puede ser sacrificada por ningún gobierno. En líneas similares, para Douglas Den Uyl y Douglas Rassmussen (2005), el florecimiento humano puede ser entendido como la toma de decisiones personales adecuadas en términos de los valores y razones que son relevantes para cada persona. La evaluación de las consecuencias de los principios éticos y políticos debe realizarse sobre la base de que ellas permitan a las personas la oportunidad de tomar estas decisiones. En este sentido, los principios de justicia en un contexto socio-político son reglas para asegurar la posibilidad de una ética individual autodirigida. En otras palabras, las condiciones institucionales deben asegurar las libertades y promover así la creación de riqueza, que a su vez posibilita la creación de mayores oportunidades a partir de las cuales las personas logren afianzar una ética autodirigida. En la medida en que, como ya vimos, la lógica populista debilita las condiciones institucionales y lesiona libertades, constituye un obstáculo insalvable para la creación de mayores oportunidades con miras al logro de una vida autodirigida.

Conclusión

Este trabajo intentó profundizar la crítica a la lógica populista de Laclau, examinado algunas tensiones e implicancias de su modelo. Se señaló la tensión entre las necesidades del liderazgo hegemónico y la satisfacción de las demandas populares, ya que el primero por definición debe mantener o renovar el carácter insatisfecho de esas demandas que sirven de justificación y sustento de su poder. La prioridad hegemónica operaría en desmedro de una genuina satisfacción de las demandas sociales, lo que a su vez socavaría la realización de las personas como seres más autónomos, capaces y libres. Por otro lado, en la medida en que la constitución de la identidad popular depende solamente de la voluntad de un líder, se detectó una tensión entre el objetivo del populismo (de inclusión de demandas insatisfechas mediante la construcción de una identidad común a todas) y el método utilizado (excluir la posibilidad de autonomía y el desarrollo de capacidades que permitan a los miembros del pueblo elegir su propia identidad y el modo de satisfacer sus necesidades). Una de las implicancias de estas tensiones es que las medidas implementadas por el régimen populista debieran resultar en la disminución del desarrollo de la autonomía y de las capacidades individuales.

También presentamos algunas críticas al modelo populista utilizando argumentos provenientes del marxismo y del liberalismo. Entre los primeros, señalamos diferencias en cuanto al contenido programático y similitudes respecto de algunas convicciones compartidas por el marxismo y el populismo, que giran en torno a la defensa del colectivismo y el conflicto social. Entre los segundos, tanto en la versión del liberalismo igualitario como en la del liberalismo clásico, pusimos el foco de la crítica al populismo en argumentos de naturaleza moral: la idea básica es que la lógica populista dificulta o impide a las personas florecer como seres dignos, autónomos, capaces y responsables.

Bibliografía

Abts, Koen y Stefan Rummens, 2007"Populism versus Democracy", Political Studies, Vol. 55 (2), pp. 405 – 424.

Arditi, Benjamin, 2007"Post-hegemony: politics outside the usual post-Marxist paradigm", Contemporary Politics, Vol. 13 (3) p. 205-226.

Avgitidou, Athena y Eleni Koukou, 2010 "The defender of contingency. An interview with Ernesto Laclau", Intellectum. Interdisciplinary Journal, Feb.2, http://www.eurozine.com/articles/2010-02-02-laclau-en.html

Borón, Atilio y Oscar Cuellar, 1983"Apuntes críticos sobre la concepción idealista de la hegemonía", Revista Mexicana de Sociología (México), Vol. XLV, 4:1143-1177.

Borón, Atilio, 2006"Teoría política marxista o teoría marxista de la política", en A.A. Borón, Javier Amadeo y Sabrina González (comp.), La teoría marxista hoy. Problemas y perspectivas, Bs. Aires: Clacso, http://biblioteca.clacso.edu.ar//ar/libros/campus/marxis/marix.html

Canovan, Margaret, 2004"Populism for political theorists?", Journal of Political Ideologies, 9 (3).

Crick, Sir Bernard, 2005"Populism, Politics and Democracy", Democratization, Vol.12, Nº5, December, pp.625-632.

Critchley, Simon, 2004"Is there a normative deficit in the theory of hegemony?", en http://www.essex.ac.uk/centres/TheoStud/onlinepapers.asp

Cuevas Valenzuela, Hernán y Juan Pablo Paredes, 2012"Democracia, hegemonía y nuevos proyectos en América Latina. Una entrevista con Ernesto Laclau", Polis Revista Latinoamericana, Nº 3.

Dussel, Enrique, 2001"Pueblo y hegemonía: una conversación con Ernesto Laclau", en Hacia una Filosofía Política crítica,

Bilbao: Desclee de Brouwer, pp.183-220, en http://www.enriquedussel.com/Hacia%20una%20f.pdf

Dussel, Enrique, 2007 "Cinco tesis sobre el "populismo", UAM-Iztapalapa, México.

Hicks, Stephen, 2011Explaining Postmodernism. Skepticism and Socialism from Rousseau to Foucault, cap. 5, en http://www.stephenhicks.org/wp-content/uploads/2009/12/hicks-ep-ch5.pdf

Howarth, David, 2008"Ethos, Agonism and Populism: William Connolly and the Case for Radical Democracy", British Journal of Politics & International Relations, Vol. 10 (2).

Laclau, Ernesto, 2009La razón populista, Bs As: FCE.

Laclau, Ernesto y Chantal Mouffe, 1987 Hegemonía y estrategia socialista: hacia una radicalización de la democracia, Madrid: Siglo XXI.

Laclau, Ernesto, 1996,Emancipation(s), London: Verso, en http://es.scribd.com/doc/49780576/Ernesto-Laclau-Emancipation

Laclau, Ernesto, 1999"Las matrices políticas en Latinoamérica", Clarín.com, 17 de octubre.

Leis, Héctor y Eduardo Viola, 2009"El dilema de América del Sur en el siglo XXI: democracia de mercado con Estado de Derecho o populismo", Documentos de CADAL, Año VII (97).

Leonardi, Agustina y Nadia Mealla Percara, 2012"Análisis de los gastos e ingresos del gobierno nacional y provincial", 2001-2011, Instituto de Estudios Económicos, Fundación Libertad, http://www.iee.org.ar/TP-2012.pdf

Lozano, Daniel, 2012"Los derechos humanos, una bandera que a Chávez se le volvió en contra", Diario LA NACION, Viernes 28 de septiembre.

Mouffe, Chantal, 2000"Deliberative Democracy or Agonistic Pluralism", Political Science Series 72, Institute for Advanced Studies, Vienna, http://users.unimi.it/dikeius/pw_72.pdf

Nino, Carlos S., 1989Ética y Derechos Humanos, Barcelona: Ariel.

Nino, Carlos S., 1997La constitución de la democracia deliberativa, Barcelona: Gedisa.

Nozick, Robert, 1991Anarquía, Estado, Utopía, Buenos Aires-México-Madrid: Fondo de Cultura Económica.

Nussbaum, Martha, 1997"Capabilities and Human Rights", 66 Fordham L. Rev., 273, http://ir.lawnet.fordham.edu/flr/vol66/iss2/2

Nussbaum, Martha, 2002"Capabilities and Social Justice", International Studies Review, Vol. 4, No. 2, pp. 123-135.

Observatorio de la deuda social argentina, 2012"Asimetrías en el desarrollo humano y social (2007/2010-2011)", Universidad Católica Argentina, Resumen ejecutivo en http://www.uca.edu.ar/uca/common/grupo81/files/RESUMEN_EJECUTIVO_-_BDSA_2010-1016-_II.pdf

Panizza, Francisco y Romina Miorelli, 2009"Populism and Democracy in Latin America", Ethics and International Affairs, Carnegie Council.

Rasmussen, Douglas J. y Douglas Den Uyl, 2005Norms of Liberty. A Perfectionist Basis for a Non Perfectionist Politics, Pennsylvania State University.

Rodríguez Braun, Carlos, 2011 "Valores liberales y un nuevo populismo latinoamericano", Revista de Instituciones, Ideas y Mercados, N° 55 | Octubre | pp. 133-149.

Salinas, A., 2011,"Populismo, democracia, capitalismo: la teoría política de Ernesto Laclau", Crítica. Revista de Teoría Política Contemporánea, FCS-U de la República, Uruguay, N° 1 Año 1, pp. 168-188, en http://www.fcs.edu.uy/archivos/Salinas.pdf

Salinas, A., 2012, "El populismo según Laclau: ¿hegemonía vs derechos?", Revista de Instituciones, Ideas y Mercados, N° 57, Año XXIX, Octubre, pp. 187-208.

Schmitter, Philippe C., 2007"A balance sheet of the vices and virtues of 'populisms", Romanian Journal of Political Science, Vol. 7, N° 2.

Thwaites Rey, Mabel, 1994 "La noción gramsciana de hegemonía en el convulsionado fin de siglo. Acerca de las bases materiales del consenso", en L.Ferreyra, E. Logiudice y M.

Thwaites Rey, Gramsci mirando al sur: sobre la hegemonía en los '90, Bs. As., K&AI Editor, Colección Teoría Crítica.

Zizek, Slavoj, 2005"Against the Populist Temptation", en http://www.lacan.com/zizpopulism.htm#_ftnref2.

Fondo Editorial del IID

01. Cayetano Llobet: *Sendas de Libertad*
02. Alberto Valencia: *Historias de Guerra y de Paz en el Caguán*
03. Alexis Ortiz: *La política es chévere*
04. Guillermo Lousteau: *Democracia y Control de Constitucionalidad*
05. Carlos Alberto Montaner; *Latin American and the West*
06. Alberto Valencia: *"Cuando el éxito es un delito"*
07. Armando Valladares: *Contra toda esperanza*
0.8 Heriberto Justo Atuel: *"Política y Estrategia Internacional Contemporánea"*
09. Eduardo Duhalde: *"Argentina Aflame"*
10. Guillermo Lousteau: *The Philosophical Foundations of American Constitutionalism*
11. Joel Hirst: *The ALBA*
12. José Ignacio García Hamilton: *Cultural Legacies and the Challenge to Latin American Modernity*
14. Eleodoro Galindo Anze: *El legado maligno*
15. Nicolás Márquez: *"El impostor. Evo Morales de la Pachamama al narco-Estado"*
16. Carlos Alberto Montaner: *The Cubans*
17. Nicolás Márquez: *"El cuentero de Carondelet. Rafael Correa"*
18. Osvaldo Hurtado: *21st Century Dictatorships: The Ecuadorian Case*
19. Carlos Sánchez Berzaín: *La dictadura del siglo XXI en Bolivia*
20. Andrés Páez: *Messing with Justice*

Serie "Democracy Papers"

01. "Into the Abbys. Bolivia under Evo Morales and the MAS" (Douglas Farah)
02. "La democracia en América Latina" (Kevin Casas, Edmundo Jarquin, Guillermo Lousteau y Alvaro Vargas Llosa)
03. "Ecuador at Risk. Drugs, Thugs, Guerrilas and *The Citizen's Revolution*" (Douglas Farah and Glenn Simpson)
04. "El Rol del Poder Judicial en el sistema democrático" (Marianela Crognale, Nicolás Santos, María A. Cardoso, María Teresa Garrido y Jennifer Meléndez Ochoa)
5. "El Nuevo Constitucionalismo Latinoamericano" (Guillermo Lousteau, Ignacio Covarrubias, Xavier Reyes y Pedro Salazar)
06. "Utilización política de la Justicia" (Juan Manuel González y Patricia Tarre Mozer)
07. "La injerencia castrista en América Latina"
08. "Los derechos humanos bajo el socialismo del siglo XXI" (Guillermo Lousteau, Janisset Rivero, Hugo Achá, Jorge Zavala Egas, Asdrúbal Aguiar"
09. "Inside Argentina. La Campora - Back to the future" (Douglas Farah)
10. "Hacia un nuevo Contrato Social" (José Benegas, Fernando Iglesias, Pablo da Silveira, Alejandra Salinas, Guillermo Lousteau)

www.ingramcontent.com/pod-product-compliance
Lightning Source LLC
Chambersburg PA
CBHW060522290526
45791CB00001B/490